ENIGME ȘI ADEVĂRURI EXPLOZIVE

Dezvăluiri de Viorel Călugăru

VIOREL CĂLUGĂRU

ENIGME ȘI ADEVĂRURI EXPLOZIVE

Dezvăluiri

CORESI

Publishing House

WWW.CORESI.NET

Coperta: Leo Orman
Ilustraţia copertei – sursa: https://pixabay.com/en/universe-star-space-all-cosmos-1351865/

ISBN-13: 978-1721756780 (CreateSpace)
ISBN-10: 1721756787

Ediţia digitală a acestei cărţi poate fi accesată aici:
http://ibooksquare.ro/Books/ISBN?p=978-606-996-221-3

Pentru mai multe informaţii privind această carte,
sunaţi la ++4021 312 8212 sau scrieţi la coresi@coresi.net.

www.coresi.net
www.LibrariaCoresi.ro
www.librarie.website

CAPITOLUL I
DISTRUGEREA ROMÂNIEI –
O GREŞEALĂ ENORMĂ

Aurul României, furat ca-n codru

Să fii guvernator al BNR mai mult de 20 de ani şi să fii acceptat de toate guvernele postdecembriste este un miracol, înseamnă să fii un om excepţional, cu o contribuţie covârşitoare la dezvoltarea ţării.

Atunci ne întrebăm nedumeriţi **cum se explică distrugerea României în cei peste 20 de ani de când în fruntea Băncii Naţionale se află un administrator de excepţie?**

Aparent, personajul nostru se bucură de o imagine imaculată printre confraţii de jecmăneală, dar în realitate, sub blăniţa de iepuraş sfios, se ascunde – cum spune publicistul Cornel Nistorescu – **„un hrăpăreţ exagerat de modern".**

Între declaraţiile lui emotive, în care se împiedică în lexic şi gramatică, şi acţiunile lui în distrugerea ţării este distanţă ca de la cer la pământ. Iată ce declara în ziarul Adevărul, în 2000:

„*Modelul meu de viaţă este românul tăcut, muncitor şi sfios care-şi iubeşte pământul şi ţara fără paradă de patriotism."*

Ne emoţionăm până la lacrimi, dar să derulăm acţiunile sale să vedem ce rezultă.

În 1990, el, Mugur Isărescu, nesfârşitul guvernator al BNR, **refuză plata pentru combustibilul necesar celor 128 de nave de mare tonaj** ale României, aflate prin porturile lumii. Motivul: cheltuielile **„erau exagerat de mari"**. La acestea se adăuga **neplata taxelor portuare** şi astfel flota României începe să fie **„confiscată"**. Ministrul distrugerii transporturilor de atunci, Traian Băsescu, dă o mână de ajutor confratelui de Lojă şi astfel flota românească se evaporă. Acesta este începutul de patriotism al celor doi iepuraşi cu structuri psihice de rechin.

În timpul preşedinţiei lui Emil (Cozbici) Constantinescu, domnul Isărescu, în calitate de prim ministru, **concesionează Roşia Montană lui Gold Corporation, ca aurul românesc să plece direct afară**, peste graniţă, în timp ce fratele de jaf, preşedintele Constantinescu, **vinde toată documentaţia cu prospecţiunile geologice ale României unei companii evreieşti** din Toronto, unde se află şi astăzi.[1]

Şi, când te gândeşti că „împuşcatul de la Târgovişte" **sigilase minele de aur şi metale preţioase ale ţării, ţinându-le în rezervă** şi le controla lunar prin securitate, atunci ne întrebăm cine este „mai patriot".

Gold Corporation, un paravan de furat ca-n codru, acordă statului român **doar 19% din profit, doar pe hârtie, iar restul de 80-100% se depozitează în seifurile lui Gabriel Resources**, firma mamă din Gold Corporation la care au acţiuni numeroşi rechini ai oligarhiei româneşti.

Timp de 10 ani, Roşia Montană este ciozvârta de luptă între numeroase hiene şi şacali politici şi sociali. Închisă, deschisă, reclamată de unguri pentru poluare, dorită în funcţiune de populaţia locală, respinsă pentru poluare şi strămutarea populaţiei, abandonată de guverne trădătoare, ea n-a mai dat aur României, ci doar străinătăţii.

Între timp, adică în ultimii 15 ani, guvernele de tristă amintire ale României **înglodează ţara cu 130 de miliarde datorii la banca**

---

[1] *Roşia Montană Gold Corporation Wikipedia*, https.Wikipedia.org.

de tristă notorietate FMI. La aceasta se adaugă **plata de 60 miliarde pentru falsul holocaust** care ar fi fost în România sub regimul Antonescu, recunoscut rapid de autoritățile ploconite după 1989.

Domnul Băsescu, pentru a nu-și pierde scaunul de președinte, se grăbește să achite rapid un sfert din sumă, iar restul e achitată de cei de după el.

Se pune problema: **cu ce garantează România datoria de 130 de miliarde de la băncile străine?** Răspunsul ni-l dă domnul Isărescu, nesfârșitul guvernator BNR.

O declarație șoc: „România nu are nevoie de aur"

„Eu nu vreau să mai crească rezerva de aur a țării, sunt aici peste 100 de tone (arată hârtiile). Sunt superstițios, de câte ori rezerva de aur a trecut peste 100 de tone, România a pățit ceva grav."

Asta declara șeful Băncii Naționale în 2013 în fața invitaților care voiau să se convingă de existența rezervei de aur a băncii.

„Dar aici nu sunt 100 de tone domnule Isărescu, ci doar câteva tone", reproșă cineva dintre asistenți.

„Bineînțeles că nu, căci cele 103 tone sunt la Zürich, Londra și Washington. Ele reprezintă rezerva, căci aceasta este practica internațională astăzi. Aurul nu se mai păstrează acasă, în țară." [2]

Extraordinar, Bulă, celebrul exponent al prostiei a rămas mult în urmă cu logica. Adică SUA pot să-și păstreze rezervele de aur în beciurile lui Putin. Iar dacă acesta se supără din vreo situație politică, adio tezaur, adio aur.

---

[2] *Isărescu a mutat toată rezerva de aur a României în afara țării*, https. lupul dacic. Blog wordpress. com/

Dacă John de la Washington se supără de vreo conjunctură politică, poate să zică: **„Luați-vă aurul acasă voi, țiganilor, dar mai întâi plătiți cele 130 de miliarde datorie.”**

Curcile cu creierul lor mic rămân uimite și nu se pot opri din mirare. **Căci aurul României, odată ieșit peste hotare, nu mai are întoarcere.** Eu unul, accept să fiu sub greutatea aurului care se va întoarce în țară. Dar asta nu se va întâmpla niciodată, căci României, ca pion minuscul al UE, i se va considera depozitarea aurului în băncile străine **ca o contribuție la bugetul european**. Motivația va fi că el se va întoarce în țară sub formă de fonduri pentru nu știu ce proiecte vaporizate.

Astfel, domnul Isărescu, pentru **„nobile contribuții”,** a urcat la gradul 33 în Lojă și a fost primit în Academie ca membru de onoare. Poate bea liniștit un pahar de „crâmpoșie” la moșia sa viticolă de 40 de ha de la Drăgășani.

Cu aceeași logică, de struț cu capul în nisip, șeful BNR, care-și servește subordonații cu plăcinte cu mere din recoltă proprie, a declarat că **cele 100 de tone de aur nu pot fi păstrate în România, pentru că aici nu există o locație sigură pentru așa ceva. Aurul are credibilitate numai dacă nu este la tine acasă.**

Să propunem deci și Germaniei să-și păstreze aurul în Costa Rica sau în Honolulu, pentru că așa e „practica internațională”.

Împușcatul din Scornicești descărca săptămânal zeci de tone din metalul prețios adus din afară la Otopeni și prelucra 10 tone anual numai din aluviuni. O tempora! O mores! (ce vremuri, ce moravuri). Există doar acte pentru aurul ieșit din țară în ultimii 10 ani, dar niciun act de reîntoarcere.

Însă, dacă judecăm din perspectiva iluminaților masoni, n-are rost să mai plângem după aurul furat într-un stat multinațional ca UE, când interesul este **stârpirea naționalismului, veșnica piedică a unității europene. Însă niciodată nu va fi unitate în UE prin distrugerea de popoare și transformarea lor în rezervă de sclavi.**

Distrugerea României – un program elaborat sistematic

Startul distrugerii economiei românești a fost dat de masonul Petre Roman în 1990, care o clasa atunci la capitolul „fiare vechi".

Utilajele de petrol, autoturismele de teren, locomotivele Diesel, aluminiul de Slatina, vagoanele de Arad **care înlăturaseră pe mapamond concurența marilor corporații, fiind pe locul întâi în lume,** au constituit pentru dânsul fiare vechi.

Într-un sfert de secol, **obiectivul a fost atins cu concurența trădătorilor de neam și a guvernelor aservite în totalitate ocultei mondiale**. Pentru „serviciul adus", Petre Roman, ca și alții ca el, „au fost trași pe linie moartă", chiar de stăpânii lui, „ca eroi ai unei cauze nobile".

Ce observăm în acest proces de distrugere a României?

O meticulozitate ieșită din comun în distrugerea neamului, ca și cum acesta ar reprezenta un pericol uriaș în instaurarea noii ordini mondiale.

S-au folosit toate pârghiile posibile pentru aceasta:
• distrugerea flotei,
• campania de vaccinuri și gripa aviară,
• închiderea a 40% din spitale,
• trecerea populației lucrătoare în șomaj,
• distrugerea marilor centre industriale,
• arendarea bogățiilor țării pentru împrumuturi la FMI,
• consum de alimente modificate genetic,
• bombardament de îndobitocire prin televiziune,
• inflație,
• distrugerea familiei prin înrobirea populației prin toate locațiile Europei. Toate desfășurate sub „nobilul stindard morbid al democrației și privatizării".[3]

____

[3] *Adevărul întreg despre distrugerea României*, www. cuvântulortodox. ro/

Dacă avem în vedere rata natalității de doi la mie, a mortalității de zece la mie, a gradului de îmbolnăvire a populației, **în 30 de ani populația României e pe cale de dispariție. S-a acționat metodic, concentrat, meticulos.**

Ne punem firesc întrebarea: **De ce s-a depus atâta efort în anihilarea neamului românesc, comparativ cu alte popoare?**

Există un motiv cu privire la neamul românesc pe care oculta mondială îl cunoaște. Care este acesta?

Este problema poporului ales, clauză pe care Israelul a pierdut-o, fiind transferată la alt neam. Să lămurim problema.

România, laboratorul genetic al planetei

România nu este o locație oarecare pe glob, ci **este locul unde civilizații extraterestre au creat rase umane, laboratorul genetic al Universului. Aici în HAR DEALUL românesc au fost creați ARIENII și RAMANII, care apoi au migrat în toată Europa, dar și spre Asia.**

Întreg teritoriul românesc este plin de schelete umane bizare, chiar și de 10 m lungime. **Scheletele umane de la SCĂIENI au între 2,5-3 m înălțime, cele de la Argedava 5-6 m înălțime; altele de la Carei, de la Polovragi, Ostrovul Corbului, Țara Luanei, Tara Bârsei între 2,5 și 3,5 m înălțime.** [4]

Legendele din diferite locații amintesc insistent de zeii și uriașii care au populat aceste meleaguri cu mii de ani în urmă. Cei din Țara Luanei (partea estică a Munteniei) au săpat tunele în munți și orașe subterane.

Subsolul românesc este depozitul de informații și tehnologie a fraților extratereștri din univers. Cu ce probăm această relatare?

Cu informațiile obținute de Pentagon, care a scanat din satelit subsolul românesc și a descoperit **Sala Proiecțiilor Holografice de**

---

[4] Eugen Delcea, *Secretele Terrei. Istoria începe în Carpați,* vol. II, Ed. Obiectiv, Craiova, 2001.

sub masivul Bucegi, piramide sub Munţii Retezat şi Ceahlău, centre energetice deosebit de puternice pe întreg teritoriul României, tuneluri subterane care pleacă spre Asia, Egipt şi Orientul Mijlociu.

Cei care au încercat să acapareze fraudulos aceste comori depuse aici pe teritoriul României – americani sau evrei – au sfârşit tragic.

Episodul din 26 iunie 2010 petrecut în zona Bucegi este un exemplu concludent în acest caz. Elicoptere şi „specialişti" ai echipei evreieşti au fost transformaţi în scrum de către veghetorii locaţiei româneşti.

Dar capetele înfierbântate de lăcomie şi dominaţie ale ocultei mondiale tot n-au priceput lecţia. Şi, în 2014, au cumpărat cu ajutorul trădătorilor de ţară, în zona Munţilor Bucegi, 188 de ha în contul statului Israel, pentru investigaţii amănunţite.

N-au înţeles că **„patrimoniul tehnologic şi ştiinţific din subsolul României este proprietatea comunităţii galactice, iar distrugerea neamului păstrător al acestora este o greşeală enormă, cu consecinţe dezastruoase pentru cei care vor să le acapareze".**

Probabil mai vor să vadă încă odată pe cerul României ridicându-se din străfunduri sfere de lumină şi figuri umane energetice care să-i trăsnească şi să-i întrebe cu tunet **„CE CĂUTAŢI PE PĂMÂNTUL STRĂBUNILOR?"**[5]

România – locaţia unui „Israel de rezervă", poporul ales?

Isus, în Evanghelia după Matei, afirmă: *„De aceea vă spun că Împărăţia lui Dumnezeu se va lua de la voi şi va fi dată altui neam care va aduce roadele cuvenite". (Matei 21:63)*

---

[5] Eugen Delcea, *Dakia ţara creaţiei,* Ed. Obiectiv, Craiova, 2008.

Rabinul Moses Rosen, șeful cultului mozaic din România, predă în 1989, cu limbă de moarte, testamentul programatic sionist discipolului său. *„Rabi, să nu uiți că, prin revelația regelui David, pământul României a fost ales ca loc de pace pentru neamul lui Dumnezeu... Nimic nu este prea mult... Luptă și cucerește pământul făgăduinței..."*[6]

Care este acest pământ al făgăduinței? Este chiar România. Ea a devenit „locul de salvare" a evreilor. Pentru că **statul Israel, înființat de sionismul mondial prin holocaust, este sub o amenințare permanentă de a dispărea datorită dușmanilor din jur și de pretutindeni.**

Deși până în prezent Israelul a fost victorios în confruntările armate cu vecinii, **viitorul său este cum nu se poate mai nesigur.** Nici bombele nucleare pe care le posedă și nici ajutorul american nu sunt o garanție pentru supraviețuirea sa.

Iată de ce, încă din 1993, s-a încheiat un acord secret între statul român și Israel **pentru găzduirea a 300.000 de evrei în România, în caz de forță majoră. Iar în 1997 altul, sub „premierul poet" Radu Vasile, pentru un milion de evrei pe litoral.**

Dar această mână întinsă unui neam aflat în derivă **este un act însoțit de procesul de de-românizare** pe care l-a inițiat chiar latura sionistă a celor reîntorși cu concursul trădătorilor din vârful piramidei.

După 1989, 90% din structurile de stat ale României sunt ocupate de masoni evrei. „Am venit să ne luăm țara înapoi", declară cu nonșalanță unii din milionul de evrei aflați în țară. Mai precis resursele ei materiale și financiare.

Toți evreii plecați în timpul regimului comunist sau cei „care-au suferit" din falsul holocaust românesc au fost despăgubiți cu sume exorbitante de statul român. Alții au obținut libertatea de a cumpăra proprietăți grație lui Emil Constantinescu, care-a cerut modificarea constituției în acest sens.

Asistăm la un proces de întoarcere a evreilor în țările de unde au plecat, cu obținerea dublei cetățenii.

---

[6] Ion Costin Grigore, *Cucuveaua cu pene roșii*, Ed. Miracol, București, 1994.

Dar, în cazul României, **acest proces a fost însoțit de distrugerea neamului românesc,** pentru că „a fost ales" pentru salvarea Terrei. Care va fi reacția Conștiinței Planetare sau Universale la o astfel de acțiune? Nici nu vreau să mă gândesc.

Liderii poporului evreu n-au învățat nimic din istoria lor extrem de zbuciumată.

Reacția românilor cauzată psihotronic

În sfârșit, după 26 de ani de stres și spaime provocate de revoltele din stradă, guvernanții români, docili executanți ai ordinelor venite din afară, pot dormi liniștiți.

Obiectivul a fost atins, **acela de a perturba conștiința, de a anihila judecata normală a românilor și a reacționa absurd la evenimente și probleme sociale prin bombardament psihotronic.**

Arma psihotronică poate acționa în două sensuri: fie anihilând voința indivizilor transformându-i în legume, fie excitându-i ca să-i aducă în stare de violență, ca să întreprindă acte nesăbuite.

Observăm că în unele perioade, cum a fost cea a lui „să trăiți bine", populația a fost adusă în stare de apatie sau imbecilizare totală. **Bieții români reacționează la absurditățile guvernanților într-un mod absurd și aberant ca și cum creierul lor este butonat artificial de undeva.**

Unele hotărâri venite de la guvernanți, de la tăierea pensiilor și salariilor până la interzicerea vânzării ciupercilor după ploaie, dar chiar și plata pentru picăturile de apă căzute din cer sunt acceptate de români în stare de somnambulism și indiferență totală.

Alteori, ca în „Cazul Colectiv" 2015 sau cazul „Ordonanța pentru pușcăriași" în ianuarie 2017, demonstranții s-au comportat violent. S-a observat clar că comportamentul lor, zile la rând, a fost determinat psihotronic. Așa încât generalul Mircea Chelaru atenționa într-o emisiune la Nașul că ***„România și populația ei sunt până în prezent,*** *de 22 de ani, un mare poligon de teste secrete, inclusiv în domeniul psihotronic".*[7]

Este strigătoare la cer starea de imbecilizare și zombi la care a fost adusă populația României, bombardată psihotronic timp de 20 de ani.

Violențele stradale, demonstrațiile, marșurile de protest, grevele, mineriadele care s-au soldat cu căderi de guverne, președinți și miniștri au constituit traume serioase pentru guvernanți, care s-au străduit să găsească soluția diabolică de adormire a rebelilor din stradă. Dar care este aceasta?

Este metoda folosită de marile puteri **de a bombarda psihotronic creierul mulțimilor, până când acestea ajung în stare de violență sau apatie**, depinde ce scop se urmărește. Violențele din țările arabe proiectate la xerox din 2013-2014 sunt un exemplu. Dar hai să analizăm unul românesc.

Foarte mulți protestatari, în urma tragediei de la Colectiv din 2015, **au simțit, în stradă fiind, stări de greață, febră, furie, gânduri parazite, leșinuri, indiferență, apatie etc.** Unii au verificat fenomenul participând în continuare la demonstrații și au avut parte de aceleași simptome.

Asupra demonstranților s-a acționat psihotronic de către forțele de ordine, așa încât aceștia s-au împrăștiat haotic, neștiind de unde au provenit stările prin care au trecut.

Constatăm o realitate îngrozitoare. **Românii nu sunt bombardați psihotronic numai de sateliții marilor puteri, ci și de instalațiile montate de propriile autorități în marile orașe.**

Guvernanții au hotărât să-și măcelărească psihic propria populație, în lupta pentru putere și depopulare a României Se pot verifica și orele de emisie a acestor instalații, ceea ce programatorii PC au și făcut și au dat orele de emisie pe NET.

Astfel, n-o să ne mai mirăm de ce numărul de sinucideri este de 3000 în România la nivelul anului 2016, adică aproximativ 8 pe zi.

[7] România atacată sistematic cu arme psihotronice, Gen. Mircea Chelaru www.alternativenews.ro.doc...

Ce se va întâmpla cu această populație, care pe de o parte este bombardată psihotronic de vecinul de la răsărit pentru a crea dezordine în țară, iar pe de altă parte este adormită, narcotizată prin mijloacele psihotronice din interior, inclusiv prin intermediul telefonului mobil și al televizorului de propriii conducători?

Dacă mai avem un gram de rațiune, este firesc să ne mirăm: **care este cel mai măreț holocaust în istorie – cel de 6 milioane la evrei din al doilea război mondial sau cel de 20 de milioane de români decimați sistematic din prezent?**

De un lucru sunt sigur: și evreii și românii vor supraviețui, deși urmașii lui Moise nu ne-au prea vrut binele în ultimul timp. Miracolul va veni din altă parte peste planurile de lovire și exterminare programate de oculta mondială.

Alfabetul lumii a început la Tărtăria

Tăblițele de la Tărtăria, județul Alba, au aprins creierele mai multor arheologi și istorici pe plan mondial. Ele au răsturnat adevărul comod că cea mai veche scriere pe plan mondial ar fi apărut la Sumer în Irakul de astăzi. Cu prejudecățile și orgoliile marilor somități e greu să te lupți, chiar și atunci când e limpede că greșesc. Nu poți renunța ușor la tomuri de istorie care se dovedesc a fi false.

Aceste tăblițe dovedesc că cel mai vechi alfabet din lume a apărut la Tărtăria cu 2000 de ani înaintea celui de la Sumer, adică cu 5000-6000 de ani î.Hr.

Dovediți acest fapt, au sărit în cor istorici renumiți de pe trei continente, căci tăblițele de la Tărtăria sunt „prefabricate", deoarece nici nu pot fi măsurate cu celebra metodă cu carbon 14.

Dar adevărul a început să iasă cu greu la iveală prin prejudecățile de plumb ale unor celebrități universitare plafonate.

Un publicist incomod pentru trădătorii de neam și falsificatorii de istorie, de la editura Obiectiv din Craiova, pe nume Eugen Delcea, atenționează comunitatea științifică mondială că: *„istoria lumii în-*

cepe în Carpați, că nu poți explica istoria pământului românesc fără s-o legi de Istoria Terrei. Până la un punct „Istoria începe în Carpați" poate fi totodată „Istoria secretă a omenirii".[8] Că civilizația danubiano-pontică este primordială față de cea din Mesopotamia, cum se accepta până acum.

Un adevăr incomod pentru guvernanții trădători ai României, inadmisibil și inacceptabil pentru istoricii lași și vânduți, un adevăr prea uluitor pentru Academie, care lâncezește si se erodează în minciuna orientărilor politice ale vremii.

Reviste științifice se întrec în elucubrații pe această temă, căci e mai convenabil pentru unii să publice articole ghiveci, de-a datul cu părerea despre evoluția omului, **ca să falsifice istoria,** decât să accepte adevărul despre evoluția lui la nord de Dunăre.

După ce au mințit 100 de ani cu „dovezi baloane de săpun" despre apariția omului, unii paleontologi și istorici occidentali au avut alergie și față de Tăblițele de la Tărtaria, care dovedesc că **civilizația carpato-danubiană este începutul omenirii.**

Tăblițele de la Tărtaria le infirmă „cercetarea" și concepțiile rămase ca false în tomurile bibliotecilor de pretutindeni.

La această concluzie au ajuns unii istorici, prieteni ai adevărului, cum este prof. italian **Mario Merlini.** Fapte materiale, nu vorbe, au cerut arheologii occidentali, căci Tăblițele de la Tărtaria nu pot fi măsurate cu Carbon 14, deoarece **„au fost finisate".**

Atunci măsurați-o pe **„Milady Tărtaria"** a propus domnul Mario un schelet uman găsit alături de tăblițe. Și chiar asta s-a făcut, obținându-se o datare de 6500 de ani î. Hr.[9]

Dar surprizele mari au început să vină după Tărtaria, căci **în 2004 au fost descoperite alte tăblițe intacte – la Vadu Rău, la Schela Cladovei, la Vidra și chiar și la sud de Dunăre, la vecinii bulgari.**

---

[8] Eugen Delcea, *Secretele Terrei. Istoria începe în Carpați,* vol I, Ed. Obiectiv, Craiova, 2006.

[9] *Enigma plăcuțelor de la Tărtaria.* https.conspirații.mistere.wordpress. com.

În sfârşit, occidentul a început să caşte ochii şi unii istorici onorabili să admită că istoria lumii a început în Carpaţi.

Savantul german **Harald Haarmann** declară în acest sens: *„Cea mai veche scriere din lume este cea de la Tărtăria, România; civilizaţia danubiană este prima mare civilizaţie din lume, mai veche cu mii de ani decât cea sumeriană.”* [10]

La rândul său, savantul american **Marija Gimbutas** confirmă: *„România este vatra a ceea ce am numi vechea Europă, o entitate culturală cuprinsă între 6500 şi 3500 î.Hr., axată pe societăţile matrimoniale, teocratice, paşnice şi creatoare de artă, care au precedat societăţile indo-europene patriarhale de luptători din epoca bronzului şi a fierului”*.

R. Shiller, antropolog şi istoric, scrie în **Revista Reader's Digest Nr7 /1975: „Pe Tăbliţele de la Tărtăria scrisul apare cu mult înainte de Sumer”,** iar academicianul Vladimir Georgiev adaugă în acelaşi *sens „Tăbliţele de la Tărtăria sunt mai vechi cu 2000 de ani decât monumentele scrierii sumeriene”.* [10]

Aceste constatări l-au determinat pe Mario Merlini, arheologul italian, să atenţioneze lumea ştiinţifică în 2004. *„În România avem o comoară imensă, dar ea nu aparţine numai României, ci întregii lumi.”* Tăbliţele de la Tărtăria răstoarnă din temelii istoria lumii, care va trebui rescrisă, demonstrând adevărul greu de acceptat pentru falsificatorii de istorie că **Axis Mundi începe din Munţii Carpaţi.**

Conştiinţele vinovate – istorici şi antropologi occidentali căzuţi în plasa compromisului material în schimbul minciunii – vor trebui **să-şi razime fruntea spre iertare de aceşti munţi pentru a scoate la iveală întreg adevărul.**

---

[10] Harald Haarmann, *Das Ratsel der Donauzivilisation,* C. H. Beck, München, 2011.

„Ajutorul american" pentru locul întâi la avorturi

Că rata avortului este cu 80% mai mare decât a natalității în România, pentru aceasta trebuie să „mulțumim" și organizației americane USAID. Chiar din 1990 aceasta și-a oferit ajutorul prețios în promovarea avortului în România, **finanțând cu miliarde de dolari actul de dispariție a neamului românesc.** [11]

Această organizație a fabricat pilula de a doua zi, **un medicament contraceptiv interzis în SUA, dar vândut în afară în 90% din țările lumii.**

Însă, pentru obținerea locului întâi în Europa la avorturi, noi, românii, „am fost ajutați" și de **International Planned Parenthood Federation, o altă organizație americană pro-avort, care a înființat în România SECS (Societatea de Educație Contraceptivă Sexuală).** Astfel, umanismul american din prezent l-a întrecut pe cel sovietic din trecut.

Dacă adăugăm și ajutorul antirachetă de la Deveselu avem garanția că viitorul cu cap de mort ne este asigurat. Cine se va sinchisi de dispariția a câteva milioane de indivizi pentru distrugerea bazei printr-o lovitură atomică? Cei de la Washington în niciun caz.

Însă de președinții români mi-este milă că sunt chemați de câte 6 ori pe an să sărute bombeurile bocancilor de la Washington pentru că ne-am întors fața spre celălalt Ianus, din vest.

Inconștiența neamului românesc în problema avortului este dată de inconștiența clasei politice. Consecințele sunt devastatoare și pentru prezent și pentru viitor. **Populația feminină a României a fost transformată în morminte vii pentru 15 milioane de copii avortați și pentru nenorocirea neamului românesc.**

---

[11] *România, cea mai mare rată a avortului și mortalității materne din U.E.* www.mediafax.ro/.

Am precizat în paginile altor lucrări cum lumea celor morţi influenţează în mod dramatic lumea celor vii, ca urmare a legăturilor subtile într-un univers cuantic şi când cei decedaţi nu au fost încredinţaţi lui Hristos.

Cum va evolua neamul românesc în viitor, când el poartă povara a 15 milioane de avorturi?

Construirea unei Catedrale Naţionale nu rezolvă problema, atâta timp cât femeile consideră avortul un fapt banal. Şi nici faptul că numărul de biserici este mai mare decât numărul de şcoli. S-a triplat însă numărul de cimitire şi s-a înzecit numărul de morminte.

Cauza generatoare de boli şi traume n-a dispărut. **Ea constă în mentalitatea celor 11 milioane de femei şi 11 milioane de bărbaţi care, din neştiinţă sau ignoranţă, recurg la avort fără să îi cunoască consecinţele.** Şi în ajutorul morbid dat de tot felul de organizaţii „umaniste" îmbrăcate în haine de lup, din afara sau din interiorul ţării.

Psihologul rus Serghei Lazarev recomandă ca, atunci când ai un bolnav în familie sau un ins cu traume, este bine ca, pe lângă tratamentul oficial, să căutăm cauzele în arborele genealogic sau în avorturile săvârşite cândva, ca să realizăm echilibrul şi armonia între generaţii. Căci observăm că loviturile vin şi din trecut şi din prezent.

De aceea, cred că vom stârni interesul dacă vom prezenta în continuare efectele sindromului post-traumatic după avort. Nu sunt scutiţi nici bărbaţii, dacă sunt autori morali ai suicidului infantil.

• Psihoze afective
• Depresii şi gânduri de sinucidere
• Instabilitate psihică derivată în comportament iraţional
• Coşmaruri şi vise terifiante
• Răceală emoţională şi atacuri de panică
• Tulburări de somn şi anxietate
• Retragere în consum de alcool şi droguri
• Stare septică şi sterilitate
• Hemoragii interne şi perforaţia colului uterin
• Pericolul naşterii de copii cu malformaţii după avort

• Risc de sterilitate și cancer uterin.

• O gamă diversă de boli organice.

Viața este până la urmă **un dar de la Dumnezeu, iar Omul o copie în miniatură a creatorului divin.** Suprimarea vieții unui om este deci o acțiune directă asupra celei mai prețioase creații a lui Dumnezeu și nu poate rămâne fără consecințe. După cum **suprimarea și distrugerea de nații și popoare de către oculta mondială va avea serioase repercusiuni asupra inițiatorilor acestei acțiuni.** Subconștientul planetar și colectiv are altă logică față de cea umană. El va da replica distrugătorilor de popoare.

Așa că nu mă tem de dispariția neamului românesc, dar el va trebui să-și consume Karma pe care i-au provocat-o inconștienții clasei politice după 1989 încoace.

Români prin care Dumnezeu lucrează

Am crezut multă vreme **că Dumnezeu își face cunoscută prezența numai prin sfinți,** prin minunile pe care aceștia le săvârșesc în folosul oamenilor. Dar iată că El își alege și altfel de oameni, neîmbrăcați în haine monahale, pentru a-și releva intențiile și scopurile sale.

Prin ei, Divinul își face lucrarea în lume, iar noi, ceilalți, uneori nici nu ne dăm seama de aceasta.

Un astfel de om, ales de Dumnezeu pentru scopul său, **este un medic român,** atât de cunoscut în țară și pe plan mondial, încât el **figurează, alături de Einstein, pe lista celor 500 de genii ale omenirii.**

Ce înseamnă un fapt extraordinar?

Să umbli cu laserul și bisturiul **prin 40.000 de creiere umane** ca să le repari și să salvezi de la moarte tot atâtea vieți.

Te mai îndoiești că în aceste cazuri nu este vorba și de intervenția lui Dumnezeu? Dar să-l lăsăm pe el, neurologul, să relateze:

„Neurochirurgia este o meserie foarte grea, este regina artelor chirurgicale. Când operezi și ai momente foarte dificile în timpul operației... **ajungi în anumite puncte în care, dacă nu te rogi lui Dumnezeu să-ți trimită o mână de ajutor, bolnavul este pierdut.**

Uneori ești la limită în timpul operației, când anestezistul spune: „Mai avem doar 300 de grame de sânge." Sub stresul acesta, sigur că în timp ce operam nu puteam să-mi fac cruce cu mâna, ci doar cu limba, și ziceam **Doamne ajută-mă.** *Și tot timpul când am avut cazuri din acestea, limită, Dumnezeu m-a ajutat și am știut că există.*

Dumnezeu lucrează asupra bolnavului prin intermediul mâinilor chirurgului, *dar și trebuie să muncești mult pentru asta. Dumnezeu îți îndrumă mâinile, ce trebuie să faci, cum trebuie să procedezi. Din cele 40 000 de operații, am avut sute pe care pot să le consider adevărate minuni.* **În creier se intră de mână cu Dumnezeu."** [12]

Am mai întâlnit oameni care au constatat prezența lui Dumnezeu în munca lor, dar am ajuns la concluzia că **medicina este profesia de predilecție în care Dumnezeu intervine.**

Din mai multe motive: unul este rugăciunea care vine din partea bolnavului, altă rugăciune vine din partea medicului, iar alt motiv este legat de planul lui Dumnezeu de a salva un popor, un neam.

De aceea, cei care se laudă că au ales medicina din propria lor inițiativă se înșeală spectaculos, căci au o viziune limitată asupra vieții, asupra cosmosului, asupra lui Dumnezeu. **Gândul alegerii profesiunii de medic vine de sus,** nu-ți aparține, devii fără să-ți dai seama parte din planul mare al Creatorului de a salva suflete și trupuri. În acest sens, românul *acesta*, cel mai mare neurochirurg din lume, spune:

„Profesia medicală are o dublă origine: cerească și pământească. **Țara care n-are destui medici trebuie să-și dubleze cimitirele."**

Medicul acesta, cu 41 de lucrări de specialitate la activ, lucrări după care învață studenții americani, a fost conștient în alegerea profe-

---

[12] Leon Dănăilă, Dora Petrilă, *Sculptură în creier*, Ed. Du Style, București, 1998.

siunii sale prin graţia lui Dumnezeu. *„Nu vreau să fac paradă de cuvinte, dar e real că Dumnezeu m-a îndemnat să urmez calea aceasta şi m-a ajutat de fiecare dată atunci când operez."*

Prin oameni ca neurologul de renume mondial **LEON DĂNĂILĂ**, aici, în DAKIA, Dumnezeu lucrează. Altfel eu nu-mi explic crezul său: ***VIAŢA PENTRU MINE SUNT CEILALŢI!***

Cuvintele sublime nu cuprind dăruirea lui.

Sănătatea nu se vinde pe limuzine

Vai! Dar iată şi mii de medici care spun că şi-au ales meseria **„pentru că-i bănoasă"** şi care nu-şi dau seama că ei fac parte din planul mare al Creatorului de salvator de suflete şi neam şi **îşi practică meseria doar ca acumulatori de averi.**

Ce spun statisticile în acest sens?

Că Dumnezeu **„îi părăseşte, îi elimină"** pe cei care i-au **întors spatele,** la vârste foarte mici, 50-60 de ani. Dar ei, medicii au alt răspuns, stresul. Dar puţini ajung să opereze pe creier la 83 de ani, cum face **Leon Dănăilă,** neurologul despre care vorbim, **care merge de-acasă până la spital şi înapoi cu troleibuzul** în loc de vreun ultra-automobil, prin Bucureşti.

Ca medic, **porţi pecetea lui Dumnezeu, ai fost ales dincolo de necesitatea socială** pentru salvarea de suflete, chiar dacă Ministerul Sănătăţii din România, după '89 încoace, s-a ocupat de distrugerea ei.

Dacă în profesia de medic devii miliardar pe seama bolnavilor, care oricum sunt mai aproape de finiş şi de Dumnezeu, **eşti pierdut.** Forme de gând, programele mentale de pedepsire, sub-conştientul colectiv, câmpul morfic vor acţiona **„în sens justiţiar"** pentru a reechilibra o anomalie subiectivă a celui devenit bogat.

Salariile mici ale medicilor din România, dar şi menta-litatea de îmbogăţire, determină un exod masiv de părăsire a ţării –

5000 la nivelul lui 2017 –, dar asta înseamnă că şi-au abandonat misiunea primită de Sus pentru 30 de arginţi. **Devii medic şi pentru Dumnezeu şi pentru oameni.**

La acest capitol, neurochirurgul care a refuzat postul de ministru al sănătăţii şi oferta a 30 de universităţi şi spitale din străinătate, spune: *„Banii şi averile pentru mine nu înseamnă nimic. Sunt cel nai sărac doctor din lume, dar din punct de vedere sufletesc sunt cel mai bogat om din lume. Am scris pe uşă: consultaţiile se dau gratuit; am vândut o maşină şi alte lucruri din casă ca să fac cercetare".*

Niciun ministru al sănătăţii, după '89 încoace, nu l-a întrebat pe acest geniu al chirurgiei mondiale dacă are nevoie de bani pentru proiectele sale în slujba ţării.

Şi-a vândut apartamentul din Bucureşti ca să-şi poată publica cercetările şi cele 18 invenţii ale sale. **În străinătate putea fi plătit în aur, 20 de academii şi 30 de universităţi îl au ca membru de onoare.**

Fotografia din metrou care-l prezintă **ca zeu al modestiei** i-a băgat în delir depresiv pe prea-orgolioşii de la Caţavecu, care-şi fac o profesiune de credinţă din ponegrirea marilor valori.

Iată ce fel de oameni produce ţara, pe care occidentul degradat şi perfid o numeşte „a hoţilor şi ţiganilor".

Despre plecarea medicilor în străinătate, el spune:

„Eu îi sfătuiesc să meargă în străinătate să înveţe, să vadă cum e acolo şi să se întoarcă în ţară, dacă vor să devină cu adevărat buni. Dar unii vor să facă orice ca să facă avere. Fac operaţii, dar fără rezultate de însănătoşire, doar pentru plicurile cu bani pe care le primesc."

Din ce aluat al Dakiei este plămădit acest om?

Leon Dănăilă, copilul care mergea desculţ prin noroiul de-abia dezgheţat, de primăvară, ţinând plugul în brazdă, a rămas de-atunci cu obsesia muncii continue. Căci, la 83 de ani ai săi, se scoală la ora 3 dimineaţa, citeşte, scrie, cercetează până la ora 6, apoi **porneşte pe jos spre operaţiile extrem de grele** pe care le are de făcut la spital. Unde-s limuzinele ultra-sofisticate pe care le au ceilalţi?

Sclavii limuzinelor şi vilelor ultra-luxoase, robi ai mentalităţii şi poftelor trupeşti, îşi cară cu ei imensa povară a sufletului, lanţurile materialităţii, spre cele patru scânduri.

„Am muncit tot timpul şi fizic şi intelectual. **Dacă eşti învăţat încă de mic cu munca, ai germenul acesta al muncii în tine, nu te poţi lăsa."**

317 lucrări ştiinţifice sunt semnate cu numele său, iar universităţile occidentale folosesc roadele celor 55 de ani de activitate şi tot se mai îndoiesc de marea lui descoperire – **Celula Cordocit** – care apără creierul de efectul periculos al hematiilor. *„Încă nu au apărut reacţii la descoperirea mea, nu există nici reacţii negative, nici pozitive,* **dar descoperirea este sigură."** Se repetă cumva mârşăvia cu Paulescu?

Cum să propui pentru Premiul Nobel tocmai un ins din Dakia, ţara zeilor, când acest premiu trebuie să rămână doar în spaţiul anglo-saxon?

„Şuturi am primit mereu. Încă nu-mi vine să cred cum am fost în stare să fac atâtea lucruri fără niciun ajutor din partea nimănui şi nici a statului".

Cum a reuşit omul acesta **să scadă mortalitatea la operaţiile pe creier de la 50% la 3%? Numai prin folosirea pentru prima dată în ţară a microscopului operator şi prin lucrarea lui Dumnezeu prin mâinile lui.**

Viaţa şi activitatea lui Leon Dănăilă a dezvăluit un adevăr pentru mine, dar şi pentru cei care fac comerţ cu sănătatea, ca dar divin, că aceasta nu poate fi vândută pe limuzine şi vile la Monte Carlo, căci universul întreg se tulbură şi reacţionează.

Când rugăciunea unui bolnav sau a unui neam se ridică la cer, întreg universul inteligent se pune în mişcare ca să le vină în întâmpinare. **Nu vă îndoiţi de ultimele dorinţe ale bolnavilor.**

Sexul folosit ca mijloc de degradare a ființei umane

Într-o societate bolnavă și zguduită de toate crizele posibile, marile corporații au de câștigat pentru că au transformat milioane de ființe umane în cobai.

Reclamele de pe tabloide bombardează zilnic 24 de ore conștiința individului, pentru ca până la urmă acesta să devină dobitoc, să facă ceea ce i se sugestionează.

De la tânăr până la bătrân, femeie, sau bărbat, în întâlnirile zilnice reacționează stereotip după schema **„ai văzut ce-a spus și ce-a arătat la televizor?". Conversațiile arată clar că subconștientul fiecărui individ este încărcat cu aberațiile informaționale lansate pe ecran sau prin difuzorul radio, el comportându-se conform acestor mesaje, aberant, ca și ele.**

Niciodată în istoria omenirii nu s-a folosit mai mult ca astăzi tema sexualității pentru a fi îndobitocite milioane de oameni.

Să urmărim știrile pe o săptămână pe tabloide, pe această temă să vedem ce aflăm.

• Vedeta Capră Râioasă declară public că a întreținut relații sexuale cu 300 de indivizi, unii proveniți de la tomberoane.

• Ministerul Britanic al Educației recomandă elevilor de la ciclul gimnazial se întrețină sex anal sau oral pentru a evita efectele gravidității.

• La salonul auto de la Lausanne modelul XXL55 a fost declarat cea mai sexi mașină.

• Cântărețul Johnny Obsedatul și-a sărbătorit a 5-a căsătorie cu homosexualul său preferat.

• Actrița Draci-n Fese a declarat că a renunțat la lesbianism în favoarea pedofiliei.

• Cântăreața Nu-mi-ajunge s-a răstignit goală pe scenă în concertul de la Moscova, stârnind aprige violențe din partea spectatorilor.

• Pe străzile Romei s-a desfășurat parada Gay apărată de mii de jandarmi, dar s-au iscat violențe intense.

• Congresmenul american Cap de Sex a propus legislativului legiferarea pedofiliei, iar deputatul român Libersex a propus ca Oficiile Stării Civile și Biserica să oficieze căsătoriile homo.

Aberațiile au întrecut absurdul, iar previziunea lui Isus din Noul Testament este pe cale de a se înfăptui. **„Ieșiți voi morților din morminte, ca să intrăm noi, viii!"**

Astfel de știri „importante" vârâte și ca mesaje subliminale în creierul bietului ascultător îl duc la pierderea normalității, la obsesii care scurtează drumul spre spitalul de psihiatrie.

Într-un mediu social în care un reporter obsedat pune pe stradă întrebări de felul – de câte ori pe săptămână faceți sex oral sau anal, ați avut vreodată sex cu oi, gâște, vaci sau alte dobitoace, familia monogamă este pe cale de a fi distrusă.

Într-un astfel de mediu, în care **copiii de 11 ani devin tați cu femei de 36 de ani, mediu în care femei și bărbați devin mărfuri sexuale degradate, iar căsătoria o cuplare cu un portofel sau un schelet ambulant, o semnătură de mocirlă pe propriile sentimente,** ființa umană este în degradare accelerată spre dispariție.

Are vreo cauză genetică deformarea sexualității?

Sigmund Freud și acum se întreabă... în mormânt.

CAPITOLUL II
NOUA RELIGIE PLANETARĂ – RELIGIA SEXULUI LIBER

Noua religie, religie bazată pe sex

Bunii samariteni de la Strasbourg şi Bruxelles, mai luminaţi decât noaptea, în grija lor faţă de om au hotărât să înlocuiască învechita educaţie moral-religioasă cu una modernă, sexuală.

Au considerat că Instinctul primar sexual a lui Homo Sapiens este perimat şi trebuia reînnoit. Iată de ce a fost necesară publicarea unui document important intitulat **SUPER MEMORANDUM** semnat între 25 şi 29 iunie 2014 de reprezentanţii neautorizaţi ai unor biserici din lume.

Documentul este uimitor **şi-şi propune să înlocuiască până în 2020 toate credinţele şi bisericile actuale care se opun sexului liber cu „MUDANA RELIGIO ADUNATA" adică NOUA RELIGIE PLANETARĂ.** [13]

Noua religie va avea în vedere şi **noul model de educaţie sexuală** faţă de care bisericile clasice „au fost obtuze". Dar hai să vedem împreună „ce ne aduce nou" acest model.

„Art.3. Începând cu data 11.11.2016, se desfiinţează educaţia religioasă a elevilor." Desigur, ea îngreuna neuronii tinerilor

---

[13] *Supermemorandumul şi noua super religie,* www.apologeticum.ro/.

şi le îngrădea libertăţile antisociale, căci societatea n-are nevoie de tineri cuminţi.

„Art.5. Începând cu data de 11.10.2016 la ciclul gimnazial se introduce lecţia de educaţie sexuală, iar începând cu data de 11.09.2016 se furnizează gratuit prezervative tuturor elevilor de la ciclul primar.

Just, dar trebuia precizată mărimea, pentru că ăştia mici sunt inventivi şi vor împodobi clasa sau pomul de crăciun la sărbători.

Libertăţi pentru homosexuali ca să-şi „afişeze talentele”

„Admirabilii umanişti” de la Strasbourg, care-au aruncat la gunoi morala creştină, nu i-au uitat nici pe fraţii de suferinţă, homosexualii, blamaţii societăţii.

„Art.4a. Începând cu data de 16.08.2016 vor intra în vigoare drepturile homosexualilor. Aceştia vor putea face paradă în mod regulat şi liber pe toate drumurile oraşelor Comunităţii Europene.

De acord mi-am zis în sine, ca naivul tolerant, dar ce „talente” demonstrează aceşti humanoizi pe străzile Europei? Scene cu obsesii sexuale aberante, repetate şi reluate în culori vii, „care-au atras” peste capetele lor aragaze, târnăcoape şi apă clocotită de la etaje. Cel puţin Ceaikovski a dat lumii „Lacul lebedelor”, dar nu afecţiuni psihice în monstruozităţi falice. E mai bine să-şi păstreze „talentele” pentru ei.

„Art.4b. Începând cu data de 16.05.2016. se va proceda la liberalizarea căsătoriilor între homosexuali, a căsătoriilor între persoane de acelaşi sex şi înfierii de copii de către grupurile homosexuale.” Foarte bine, bieţii oameni vor avea şi ei voie să experimenteze procrearea de copii, dacă natura le dă voie, fără huiduieli şi fără să cumpere copii de la alţi.

„Art.4c. Începând cu data de 18.05.2016 se va proceda la liberalizarea relaţiilor sexuale între persoane ajunse la

vârsta majoratului (18 ani) şi persoane majore." Extraordinar, unii au aplicat articolul acesta înainte de a apare; parcă şi Picasso. Dar cu părinţii este voie? Articolul are nevoie de amendamente, în numele democraţiei de la Strasbourg.

Învăţământ cu case de toleranţă în şcoli

Apare o noutate admirabil de progresistă.

„Art.4d. Începând cu data de 18.11.2016. se va proceda la liberalizarea transmisiunilor televizate şi în presă a programelor sexuale şi se va permite circulaţia liberă a cât mai multe reviste pornografice în toate ciclurile de învăţământ."

Bravo! De mult aşteptau, vor vedea şi copiii, alături de mama sau de tata, filme porno la TV, cu condiţia să nu le aplice, iar la şcoală pot să-şi ia reviste porno în loc de caiete sau culegeri de matematică, care-s prea enervante.

„Art.4e. Începând cu data de 19.12.2016 se vor putea înfiinţa case de toleranţă în apropierea unităţilor de învăţământ de toate gradele în întreaga Comunitate Europeană." Dar de ce nu în şcoală, căci ele vor fi sub educaţie. Păi care-i scopul, dac-ai luat un trei la matematică, dai o fugă la „Casa bucuriei" ca să-ţi descarci nervii şi apoi te întorci înapoi la ore.

„Art. 4f. Începând cu data de 22.12.2017 se vor preda la toate nivelele lecţii de sex plătit, nu doar de cadre didactice, ci chiar de angajate ale caselor de toleranţă." Cum vine asta? Dacă elevul vrea să vadă practic trebuie să plătească profesorul? Dar cine se oferă voluntar? Dar dacă profesorul „nu poate", o chemăm pe Tanti Veta de la Casa de Toleranţă să ne arate contra cost? Asta da educaţie sexuală – întrece toate educaţiile din pedagogie.

„Emancipare sexuală" – altfel statul plătește, riscă să suporte amenzi

Programul de îndobitocire a ființei umane trebuie să înceapă de la o vârstă fragedă și în el trebuie să implice în mod direct statul, altfel acesta riscă să suporte sancțiuni de la foruri internaționale.

„Art.5. Începând cu data de 22.12.2017 se va permite pornografia infantilă pentru copii mai mari de 14 ani pe internet." Sigur, ca să știe și ei ce-i așteaptă când vor fi molestați sau torturați de vreun scrântit.

„Art.12d. Începând de la data de 17.09.2017 se vor organiza excursii cu elevii și studenții în locații în care este promovată emanciparea sexuală." Dar lipsește „baza didactică", fiindcă nu prea se găsesc locațiile pentru emanciparea sexuală.

Poate locațiile sataniste sunt de folos, în care au loc orgii sau familiile de mormoni pe stil vechi, unde șeful se culcă cu toți membrii familiei, după dorință.

Art.11a. În cazul în care implementarea acestor reforme va întârzia mai mult de 9 luni, statul național care se face vinovat de aceasta se obligă la plata unei amenzi în cuantum de 20.000 de euro, plus penalități în cuantum dublu, dacă amenda nu este achitată la timp.

De asemenea această amendă va fi plătită și de fiecare din ministerele fostului stat național, respectiv Ministerul Învățământului, Ministerul Sănătății și de toate Bisericile Creștine.

Eu nu mai am nimic de comentat, doar că în junglă există mai multă moralitate și disciplină printre maimuțe, urangutani și cimpanzei în privința sexului.

Blue Beam sau Mesia prefabricat

Nu e departe ziua când **creștinii vor vedea pe cer chipul lui Hristos în dimensiuni uriașe binecuvântându-i,** iar musulmanii prosternați, chipul lui Mahomed certându-i dojenitor. *„Lăsați ura deoparte, afurisiților, ce-aveți cu americanii?"* Ba și indienii vor cădea extaziați la figura mulțumită venită din cer a lui Buddha, care-i va șoca cu *„credința voastră este falsă, așteptați-l pe Salvator".*

Acestea sunt scenarii din **proiectul Blue Beam (Raza albastră),** care pregătește instaurarea noii religii mondiale și a noii ordini planificate de masonerie. Pentru dezvăluirea acestui proiect, doi ziariști au plătit cu viața în 1994, în Canada, fiind uciși chiar cu noile tehnologii dezvăluite în el.

Serge Monast este unul din ei și scrie **„Project Blue Beam (NASA)"** lucrare care trage la răspundere nu numai autoritățile americane, dar și pe cei de la ONU pentru planurile de schimbare a religiei celor 7 miliarde de oameni.[14] I-au închis gura prin moarte, după ce i-au distrus mai întâi familia. Dar să aflăm chiar din lucrarea lui aceste secrete.

În faza întâi, proiectul prevede *„defalcarea tuturor descoperirilor arheologice prin declanșarea unor cutremure devastatoare în anumite puncte de pe planetă. Aceste noi dovezi arheologice vor dovedi falsitatea tuturor învățăturilor religioase ale lumii."* La ora actuală, Tehnologia HAARP permite efectuarea acestui obiectiv, iar **„noul sarcofag al lui Isus",** descoperit în 2014, este primul pas în această direcție.

„Al doilea pas este spectacolul gigantic în spațiu cu 3 dimensiuni, producerea de holograme și sunete optice, proiecții cu laser holografic a unor imagini cu Mesia în diferite părți ale lumii."

---

[14] Serge Monast, *Project Blue Beam NASA,* Ed. Presse libre nord-américaine, Quebec, 1994.

Adică vor fi proiectate imagini cu Isus la creştini, cu Maitreya la indieni, cu Krishna la hinduşi, cu Mahomed la musulmani, care vor vorbi mulţimilor şi le vor incita la „războaie sfinte". Un număr mare de oameni îşi vor pierde viaţa. *„Fiecare naţiune va da vina pe alta pentru înşelăciune, se vor ridica milioane de fanatici religioşi care vor incita la revoltă, vor fi mii de oameni demonizaţi, se va produce o anarhie politică uriaşă, care va declanşa dezastrul mondial."*

În 1991, americanii proiectau deasupra Bagdadului pe Allah care-i sfătuia pe irakieni să-l înlăture pe Saddam Hussein. În 2002, cu ocazia cuvântării lui G. W. Bush, venit la Bucureşti, se proiecta pe cer un curcubeu uriaş ca să-i determine pe creduli că izbăvirea vine de la Casa Albă. Această izbăvire este şi scutul antirachetă de la Deveselu, care bineînţeles că va fi prima ţintă lovită de inamic, dar cu victime colaterale, adică mii de români.

Al treilea pas: *„Comunicarea electronică telepatică în ambele sensuri, unde undele de frecvenţă ELF (Extra Low Frequency), VLF (Very Low Frequency) şi LF (Low Frequency) vor ajunge la oameni, direct în creierele lor, făcând pe fiecare persoană să creadă că Dumnezeul său îi vorbeşte. Pentru a influenţa 250 de milioane de oameni ar putea să nu fie atât de dificil, deja avem tehnologia necesară, sateliţii şi televiziunea prin care mintea noastră să fie controlată."*

Astăzi aceste avertismente ale lui Serge Monast în 1994 sunt fapte reale. Mintea a milioane de oameni este controlată electronic. (A se vedea detalii în cartea noastră „Misterele omenirii"...)

„Al patrulea pas implică manifestări supranaturale universale folosind metode electronice. Acest pas are 3 orientări diferite: în prima etapă **se doreşte ca omenirea să creadă că o invazie extraterestră va avea loc în fiecare mare oraş de pe pământ.** *Scopul acesteia este ca fiecare ţară să fie obligată să-şi folosească întreaga capacitate nucleară pentru apărare. În acest efort, naţiunile vor rămâne complet dezarmate în faţa SUA, după falsul atac. Prin a doua etapă creştinii vor fi făcuţi să creadă că trăiesc un extaz mistic cu o intervenţie amplă a unui pretins Dumnezeu ce vine să salveze oamenii buni de un atac brutal satanic.* **Ţinta este să se descotorosească de toţi cei care se opun Noii Ordini Mondiale.**

*A treia etapă este o combinaţie de forţe electronice şi forţe supranaturale. Frecvenţele folosite în acest moment vor permite forţelor supranaturale să călătorească prin cabluri optice, cabluri coaxiale şi linii de telefon pentru a penetra toate echipamentele şi aparatele electrice. **Ţinta acestui pas este să materializeze stafii satanice, fantome şi strigoi pe tot cuprinsul pământului,** pentru a împinge populaţia pe panta sinuciderilor şi dezordinii psihice permanente. După această noapte **A CELOR O MIE DE STELE** omenirea va fi gata pentru a intra într-o nouă eră, **A MÂNTUI-TORULUI,** pentru a se restabili pacea peste tot şi cu orice preţ, chiar şi cu cel al libertăţii."*

Astfel Proiectul Blue Beam se pliază pe profeţiile escatologice din Noul Testament, dar de fapt scopul ascuns este, evident, o nouă religie planetară.

Ce alţi paşi au mai fost făcuţi din 1994 până astăzi în această direcţie? O să aflăm, dar nu înainte de a afla prostia omenească sub văl religios.

Prostia omenească sub văl religios

Cele 7 miliarde de oameni de pe planetă sunt împărţite astăzi în 6500 de religii, 500 000 de secte şi 500 de biserici.

Nu există domeniu omenesc cu mai multe absurdităţi şi atrocităţi decât cel religios la ora actuală.

Multe din cele 25 000 de războaie ale omenirii au avut motive religioase şi au fost declarate „sfinte", ca şi jihadul de astăzi. **Crucia-dele au ucis 2 000 000** de oameni în numele lui Hristos, iar cele 2 războaie mondiale binecuvântate de biserici au lăsat în urmă **80 de milioane de victime.**

Prostia omenească dusă la extrem a fost opera unor tribunale ecleziastice, care au condamnat în Evul Mediu, în piaţa publică, **atât patrupede,** precum boi, măgari, cai, **dar şi vrăjitoare şi savanţi,** care au fost arşi pe rug. Noaptea Sf. Bartolomeu s-a repetat în forme diferite și pe continentul american, dar și în Asia și Africa cu milioane de victime

Prescripțiile unor secte ne umplu de oroare. **Uciderea de copii cărora li se bea sângele,** practicată dintre unele, este replica la consumul de materii fecale al altora, pentru „mântuire".

Orgiile sexuale practicate de unele sunt nuanțate de căsătoriile incestuoase la altele. Omagierea de statui falus cu aducerea de ofrande echivalează cu venerarea șobolanilor, ca divinități în temple indiene; **uciderea a 1000 de persoane** prin otrăvire pentru atingerea Absolutului în secta Templul Popoarelor este absurditatea desăvârșită, **ca și atacul cu sarin în martie 1995 în metroul japonez al sectei Aum Shinrikyo,** în urma căruia au fost afectate grav 5000 de persoane.

Exemplele de absurdități ale fenomenului religios sunt cu sutele, de aceea, într-o anumită măsură, găsim justificat programul masonic de unificare religioasă la nivel mondial, dar nu în modul în care este conceput.

Pași spre Noua Religie Planetară

Pașii spre unificare s-au realizat în climatul unui cazan religios în fierbere, căci fiecare pas a stârnit aprige **„furtuni și incendii teologice" la adresa inițiatorilor.**

În 1948 ia ființă **Consiliul Mondial al Bisericilor,** de unii recunoscut, de alții contestat, **ce cuprinde 350 de biserici din 110 țări.** La reuniunile acestuia s-au luat hotărâri surprinzătoare, precum acceptarea femeilor în Muntele Athos, renunțarea NATO la arme nucleare sau renunțarea la unele hotărâri ale sinoadelor ecumenice.

În **1964, patriarhul Athenagoras I al Constantinopolului are prima întâlnire cu papa Ioan Paul al II-lea** și cad de acord asupra unificării bisericilor prin luarea unor măsuri de avangardă . În 1965 se ridică anatema sinoadelor anterioare asupra papalității și romano-catolicilor, apoi și asupra altor biserici în 1971.

În iunie 1993, prin acordul de la Balamand, **catolicii și ortodocșii își recunosc reciproc tainele liturgice** și permit împărtășirea credincioșilor la biserici adverse, căci *„ambele biserici sunt surori, doi plămâni în același trup"*.

În 1995, **Bartolomeu I, Patriarh al Constantinopolului, reia problema unificării** la întâlnirea cu papa, când se oficiază și o slujbă comună. Bartolomeu refuză ostia papală, iar un fulger lovește domul Bisericii Sf. Petru unde avea loc ceremonia.

În 1999, papa Ioan Paul al II-lea face prima vizită într-o țară ortodoxă, România, când s-a exprimat dorința **„de ajungere la un singur potir"**.

În 2002, papa a chemat reprezentanții tuturor religiilor la Assisi, pentru a se ajunge la acordul de unificare.

În 2006, episcopii ortodocși săvârșesc slujbe în catedrale catolice și pomenesc numele papei la slujbe. Tot în același an, **papa Benedict al XVI-lea se întâlnește din nou cu patriarhul Bartolomeu** pentru aceeași problemă spinoasă, unificarea.

În 2008, Mitropolitul Banatului, Nicolae Corneanu, se împărtășește în biserica unită din Timișoara. Pentru această „nesăbuință" și-a luat porția cuvenită de scărmăneală.

Comisia mixtă de dialog teologic, catolic-ortodox, s-a întâlnit până acum de 14 ori pentru a netezi calea unificării.

În 2014, papa Francisc se întâlnește a doua oară cu patriarhul Bartolomeu la Roma, iar, după slujba comună, papa declară: *„Singurul lucru pe care îl dorește Biserica Catolică și pe care îl urmăresc ca Episcop al Romei este comuniunea cu Bisericile Ortodoxe... Biserica Catolică nu dorește să impună nicio condiție în afara celei a profesiunii de credință comune"*.

S-a stabilit ca în 2025 să aibă loc primul Conciliu ecumenic al Bisericilor Unite, după 17 secole de **„dialog al surzilor"**.

Fostul președinte al Israelului, Shimon Perez, a declarat în timpul vizitei la Vatican, în 2014: *„Astăzi războaiele izbucnesc, în primul rând, folosind pretexte religioase. Ne confruntăm cu sute de mii de teroriști care pretind că ucid în numele lui Dumnezeu. Prin urmare, ținând cont că ONU este depășit, avem nevoie de un ONU al religiilor.*

Ar fi cel mai bun mod de a ne opune teroriştilor care ucid în numele credinţei."

Bine, dar cine să fie în fruntea acestei Biserici Universale Unificate? Aici e nodul gordian. Apusul îl vrea pe papă conducător, Răsăritul pe patriarh.

Biserica Rusă se vrea şi ea a III-a Romă. Dar să urmărim împreună cum va fi structurată noua biserică. Iată ce propune Apusul.

Biserica ortodoxă direct sub ghilotină

Unificarea religioasă este văzută de constructorii noii ordini mondiale **ca panaceu universal**, soluţie care va rezolva hocus-pocus toate nenorocirile planetei.

Încă din 1987, toate ziarele americane de mare tiraj publicau la 1 ianuarie următorul anunţ: **„Droguri, SIDA, sărăcie, creşterea criminalităţii, frica de războiul atomic, terorism. Există oare soluţii pentru acoperirea nevoilor noastre stringente? Hristos este în lume. Un mare mântuitor mondial pentru oamenii fiecărei religii, precum şi pentru cei care nu cred. Un om practic, pentru soluţia tuturor problemelor noastre. El iubeşte toată omenirea. Hristos este aici, prietenii mei! Fratele nostru umblă printre noi!"** Desigur un Hristos prefabricat.

Tot în consensul unificării, Robert Muller, fost subsecretar la ONU, scrie în 1975 cartea **„Noua geneză"** în care afirmă: *„Trebuie să ne unim cu fraţii noşti hinduşi şi să numim de acum înainte planeta noastră Brahma sau Planeta lui Dumnezeu. Religia mea, dreaptă sau greşită, naţiunea mea, bună sau rea, trebuiesc părăsite odată pentru totdeauna."* [15]

Urmaşii săi, nerăbdători în instaurarea noii religii mondiale, au trecut la acţiuni concrete şi, în 25-29 iunie 2014, la Strasbourg, au demarat programul **„de decapitare a tuturor bisericilor"**. Mai precis, au lansat acel **SUPERMEMORANDUM** care conţine obiec-

---

[15] *Noua ordine religioasă a lumii*, Panreligia. www.cuvântulortodox.ro/

tivul stabilit. Pentru a-i da o „formă democratică", el apare sub semnăturile unor ierarhi aleși **„ca reprezentanți ai bisericilor dornice de schimbare".**

Cum va fi structurată noua biserică mondială? Ce se va întâmpla cu bisericile actuale?

Redăm articole din document în care se precizează că este aplicabil pentru toate țările Uniunii Europene și în afară.

Art. 8f. Începând cu data de 1.05.2017, se desființează Patriarhiile Ierusalimului, Alexandriei, Antiohiei și cele slave, mai puțin Patriarhia Moscovei.

Art. 8g. Începând cu 1.05.2016, vor mai funcționa doar 3 patriarhii de biserici creștine unite: Patriarhia Rusiei, Patriarhia Romei, Patriarhia Constantinopolului.

Art. 1b. Începând cu data de 26.10.2017, vor fi demontate toate catapetesmele din biserici.

Art. 1c. Începând cu 1.03.2017, se vor introduce icoane renascentiste în biserici, înlocuindu-se arta bizantină.

Art. 11a. Începând cu data de 15.08.2017 conducătorul bisericii creștine devine Vaticanul.

Dar ce se va întâmpla cu slujbele religioase?

Art. 10. (referitor la biserică). În perioada de iarnă, Sf. Liturghie se va desfășura între orele 10 și 11.30, iar vara între orele 19.30 până la ora 21.

Art 3. Începând cu data de 14.08.2018, se vor interzice privegherile în biserică și mânăstiri.

Art. 7a. Începând cu data de 16.09.2016, în toate bisericile creștine ortodoxe se va renunța la Utrenie.

Art. 10b. Începând cu data de 29.10.2017, se vor introduce în toate bisericile creștine instrumente muzicale și se vor organiza concerte, nu doar cu caracter religios.

Ce se va întâmpla cu învățământul religios?

Art. 2. Începând cu data de 11.09.2017, se anulează toate sărbătorile religioase și naționale în toate instituțiile UE.

Art. 3. Începând cu data de 11.11.2016, se desființează educația religioasă a elevilor.

Art. 10. Începând cu data de 16.10.2016, se desființează toate facultățile de teologie. Acestea vor fi transformate în departamente de filozofie.

Art. 4. (referitor la asigurări). Programul instituțiilor de stat duminica va fi de la ora 12 până la ora 20, mai puțin în luna august.

Art. 9c. (referitor la administrație). Începând cu data de 12.09.2016, se va renunța la botezul obligatoriu al copiilor mici și se va introduce procedura de stabilire a prenumelui nou-născutului la starea civilă.

Art. 8d. (referitor la administrație). Începând cu data de 20.05.2016 se vor interzice în întreaga Uniune Europeană înmormântările religioase, se va introduce treptat obligativitatea incinerării morților.

Art. 8f. Începând cu data de 23.05.2016, se va renunța în toate țările Uniunii Europene la jurământul pe Biblie și la cel religios pentru oamenii politici, primari, studenți, prefecți etc.

Și ce se va întâmpla dacă patriarhiile, bisericile, și clerul nu vor respecta și nu va aplica aceste norme?

„Poliția religioasă și alte poliții" vor supraveghea

Declarație suplimentară: Noi, semnatarii Memorandumului, ne angajăm ca în cel mai scurt timp posibil **să implementăm reformele stabilite, începând cu 1.05.2016.**

Ne luăm angajamentul de a colabora strâns și intens cu **Poliția Mondială (IPTF),** așa cum aceasta a fost înființată la data de 21.09.2001 și își are sediul provizoriu la Washington, precum și cu **Forțele Federale Americane pentru gestionarea situațiilor speciale cu sediul la Washington și Baltimore,** așa cum acestea au fost înființate la data de 17.11.1984.

În colaborare cu **Armata Europeană,** înființată la Constantinopol la data de 26.10.2001 și având sediul provizoriu în localitatea

Mons, Belgia, şi cu celelalte autorităţi militare europene şi locale, forţele amintite mai sus **vor asigura ordinea şi siguranţa în toate fostele state naţionale ale Uniunii Europene şi în toate Bisericile creştine.**

De asemenea, ne luăm răspunderea de a proceda la **monitorizarea tuturor cetăţenilor** în vederea asigurării siguranţei, lucru care se va realiza prin montarea de **camere de supraveghere de ultimă generaţie** în toate instituţiile europene, **în toate oraşele Uniunii Europene, în mănăstiri, biserici şi instituţii publice.** De asemenea, ne luăm răspunderea înfiinţării **Poliţiei Religioase.** Implementarea reformelor de mai sus va începe la data de 02.05.2016.

Aşadar, sub aburii înşelători ai democraţiei-surogat, se pregăteşte de fapt instaurarea statului fascist totalitar mondial. Cetăţeanul şi ţânţarul vor fi supravegheaţi electronic în orice moment, chiar dacă se vor afla şi în seifuri blindate.

Cum va reacţiona Biserica Ortodoxă la astfel de măsuri?

Primul pas a fost convocarea controversatului Sinod din Creta din 16-27 iunie 2016. El a iscat furtună şi fierbere în toată ortodoxia mondială. Să intrăm deci în acest cazan aflat în clocot.

CAPITOLUL III
CONFLICTUL DINTRE BISERICI, ATHOSUL ÎN PERICOL

„Sinodul tâlhăresc eretic şi Anti-Dumnezeu"

Un gust mai amar şi mai dureros n-a mai lăsat un alt sinod în conştiinţa ortodocşilor precum cel din Creta din 16-27 iunie 2016.

„Sinodul din Creta este un Sinod al fărădelegii, tâlhăresc, eretic, mincinos şi viclean... Iar voi, fraţii mei arhierei, cum vă întoarceţi înapoi, acasă la Patrie, la Neam, la Trupul şi Sângele nevinovat a lui Hristos, pe care l-aţi vândut? Voi, cei fără de har, vânzători şi trădători... v-aţi făcut vânzători de ţară, de neam şi de Dumnezeu. Aţi netezit drumul venirii lui Antihrist. Voi lucrători ai fărădelegii, l-aţi vândut pe Dumnezeu şi v-aţi întors fără har... Mai degrabă nu v-aţi fi născut, decât să ajungeţi vânzători de cele sfinte şi lepădaţi de Duhul Sfânt."

Acestea sunt acuzaţiile **„de fier înroşit"** ale episcopului de Bănceni, **Longhin Jar**, faţă de cei care **„au trădat cauza ortodoxiei"** la Sinodul din Creta.

Omul acesta, orfan în copilărie de ambii părinţi, dar ajuns episcop, **a construit două mânăstiri, iar în ele a înfiinţat orfelinate unde a adunat peste 400 de copii bolnavi de SIDA şi cu**

diferite malformaţii. La mânăstirile pe care le administrează au loc frecvent minuni dumnezeieşti.

Dacă ar fi singura acuzaţie asupra Sinodului, n-aş mai aborda subiectul, dar **acuzaţiile şi condamnările,** ca nişte lovituri de tun, **au venit şi de la ierarhii de frunte ai ortodoxiei mondiale si chiar de la patriarhii.**

Aşa încât Bartolomeu, Patriarhul Constantinopolului, în calitate de iniţiator şi manager al Sinodului, s-a ales **„cu numeroase lovituri sub centură",** cu psihicul şi moralul zdruncinat, cu anateme şi condamnări spectaculoase, în loc de laude şi aprecieri.

Contrazicerile au început din start fiind legate de repartiţia în sală a delegaţilor. De ce delegaţia Greciei să ocupe locul central, iar celelalte să fie marginale? De ce dreptul de vot să-l aibă numai şeful (întâistătătorul), iar ceilalţi 24 de membri din delegaţie să fie **„pe post de copii autişti"?**

Numeroasele restricţii, stricta supraveghere şi unele reguli absurde i-au determinat pe unii să spună că **„au fost 10 zile într-un lagăr nazist".**

Patru biserici au refuzat participarea, nerecunoscând statutul de Sinod, ci **„o adunătură de eretici şi trădători ai ortodoxiei": Bisericile Rusiei, Georgiei, Antiohiei şi Bulgariei.**

Pe fondul unor divergenţe de secole, dar şi mai, noi patimile s-au aprins atât de mult, încât se consideră **că au plecat spre sinod 156 de arhierei şi s-au întors înapoi 156 de ucenici ai satanei.** Dar cel puţin nu şi-au mai provocat cucuie cu cârjele episcopale, ca la celelalte sinoade. Motivele acestor controverse merită a fi cunoscute şi le vom dezvălui în continuare.

S-a reproşat participanţilor că **„au călcat în picioare" hotărârile celorlalte sinoade,** adică nerecunoaşterea bisericilor considerate eretice, precum romano-catolică, unitarieni, protestanţi, monofiziţi, nestorieni etc.

S-a cerut să fie explicate **motivele pentru care s-au ridicat anatemele (blestemele) date de celelalte sinoade asupra bisericilor eretice şi asupra papei.**

S-a reproșat organizatorilor **punerea în discuție a unor hotărâri ale Consiliului Mondial al Bisericilor**, organism care a avut delegație la Sinod, dar nerecunoscut de unele biserici.

S-a criticat aspru principiul primatului papal aplicat la Sinod, adică hotărârile luate de șef (întâistătătorul) sunt literă de lege, fără comentarii și faptul că membrii sinodului panortodox vor constitui de la acest Sinod înainte **o structură permanentă infailibilă**, adică de necontestat. [16]

Documentele și tematica stabilită pentru Sinod prin Sinaxa de la Chambésy **s-au considerat că au fost prost întocmite** și deci n-au fost acceptate de numeroși participanți.

S-a imputat organizatorilor greșeala **de a fi invitat la Sinod și observatori ai bisericilor eretice** și nu au fost invitate biserici ortodoxe preeminente, precum cea nord-americană.

S-a demonstrat în timpul dezbaterilor **ambiguitatea documentelor puse în discuție,** cu viciul interpretării multiple și devieri totale de la dogme.

Nu s-a lămurit pe deplin **în ce condiții se acordă autocefalia** (dreptul de autoconducere și autoadministrare) **și cine o acordă,** știindu-se faptul că în ultimele secole s-au produs abateri grave de la norme și principii.

Toate aceste contradicții s-au suprapus peste altele de ordin politic și geografic intre biserici și au accentuat starea de încordare în relațiile dintre ele. Să le aflăm.

Religia în derivă, conflictele dintre biserici

Aceleași orgolii, lăcomii și setea de putere bântuie și astăzi capetele bisericilor mondiale, ca și la Marea Schismă din 1054.

Învelite în interese politice, naționale, etnice, dogmatice aceste vicii omenești erodează învățătura cristică, ba

---

[16] *Marele Sinod Panortodox din Creta, înainte și după*, www.cuvântulortodox.ro/.

chiar au fost şi sunt **generatoare de noi conflicte.** Să le urmărim pe cele actuale în cadrul bisericilor ortodoxe care au generat starea de încordare la Sinodul din Creta.

Biserica sârbă este în conflict cu Biserica Ortodoxă Română, căreia îi reproşează amestecul în păstorirea românilor din Valea Timocului.

Biserica rusă este în conflict cu Patriarhul Constantinopolului Bartolomeu, care a recunoscut o facţiune a bisericii ucrainene ce a ieşit de sub jurisdicţia Bisericii ruse. Această facţiune a primit autocefalie, ceea ce **„l-a supărat foarte tare pe Kiril,** patriarhul Bisericii Ruse".

Biserica Antiohiei este în conflict cu cea a Ierusalimului, din cauza jurisdicţiei asupra Qatarului, care a trecut sub patronajul Ierusalimului.

Pe de altă parte, Patriarhia Ierusalimului este **„mutul între vorbăreţi",** neavând niciun dialog cu alte patriarhii şi nefiind recunoscută de toate.

Aceste **„focuri mocnite"** au izbucnit în flăcări cu ocazia Sinodului, contestaţiile şi condamnările venind din toate părţile.

Chiar şi **Chinotita (Consiliul) de la Muntele Athos** a fost nevoit să tempereze patosul războinic al unor grupuri de monahi din munte, dintre cei mai renumiţi.

Lumea ortodoxă a fost zguduită de mesajul *„Cu toate forţele împotriva Sinodului tâlhăresc... să ne ţinem tari în credinţă, până la sânge dacă va trebui"* venit din partea unuia din cei mai mari făcători de minuni din Athos, **Părintele Paisie Aghioritul,** mesaj transmis prin viziunea unui ucenic.

La mesajul acestuia s-a adăugat **scrisoarea deschisă către Sinod** a altor monahi renumiţi de pe munte, văzători cu duhul, cu fapte supranaturale la activ prin care **„înfierează pe schizofrenicii trădători ai ortodoxiei din acest Sinod".**

Consiliul muntelui Athos (chinotita) s-a văzut îngenuncheat la astfel de reacţii pentru că s-a trezit dintr-odată în faţa unei schisme (despărţire, ruptură) şi nu numai la nivel declarativ, ci şi **prin luarea unor măsuri în plan real.**

Într-o astfel de situaţie s-a trezit şi Biserica Greacă, zguduită prin declaraţii incendiare şi scrisori cutremurătoare de conştiinţe adormite.

Psf. Serafim, Mitropolit de Pireu, în actul de acuzare contra Sinodului, afirmă: *„Ereticii puteau fi invitaţi în calitate de vinovaţi ca să-şi ceară iertare la Sinod şi nu ca invitaţi de onoare".*

Psf. Ierotheos Mitropolit al Nafpaktosului, n-a semnat documente ale Sinodului, motivând: *„Eu însumi m-am confruntat cu presiuni serioase şi comportament abuziv din partea ierarhilor... În probleme de credinţă nu există loc pentru diplomaţie şi nici creştinism în afara bisericii."*

Psf. Neofit, mitropolit de Morfou: *„N-am semnat... Susţin că textul suferă de ambiguitate teologică intenţionată. Poţi amesteca gunoiul cu aurul?"*

Mitropolitul Athanasie de Limassol: *„Nu există alte biserici, ci numai erezii şi schisme... Singura cale este întoarcerea ereticilor şi schismaticilor la biserica unică apostolică a lui Hristos."*

Biserica Ortodoxă Română a trecut şi ea **„printr-un duş cu apă rece"** şi s-a trezit în faţa unui început de schismă după Sinod. Biserici din nordul Moldovei, dar şi din alte părţi ale ţării, n-au recunoscut hotărârile Sinodului, dar **„i-au înfierat pe urmaşii lui Iuda din delegaţia română, care-au semnat documentele".** Ba chiar i-a chemat pe creştini să nu mai participe la slujbele **„trădătorilor"** şi nici să aibă vreun contact cu aceştia.

În ultimul timp **„au început represaliile":** au fost daţi afară din funcţii monahi care îi acuză încă **pe trădători.**

Deci Sinodul din Creta căruia i s-a contestat şi numărul: al 8-lea? al 9-lea? al 10-lea? **a dezvăluit lipsa de unitate şi contradicţiile bisericii panortodoxe** care a deschis calea instaurării bisericii universale, aşa cum o concepe masoneria astăzi. Asta în situaţia în care rugăciunile şi harul miilor de monahi ortodocşi nu vor salva lumea.

Eu de un lucru sunt sigur: **că lacrimile monahilor de la Muntele Athos, din Carpaţi, din chiliile şi bisericile Rusiei şi** din alte părţi ale lumii îl cutremură pe Dumnezeu şi El are altă direcţie pentru lume.

Până atunci să vedem ce se întâmplă cu Muntele Athos.

Avatonul – nodul gordian al Athosului

Athosul reprezintă **coloana de energie spirituală care se înalţă către cer,** provenită din rugăciunile monahilor de pe acest munte. Totodată este locul sublim prin care **cei peste 1600 de monahi, răspândiţi în 20 de mănăstiri, conversează cu Dumnezeu**.

Este locul sacru ales de mama lui Isus pentru numeroase minuni şi revelaţii. **Staţia prin care planeta se echilibrează** de prea multă karmă negativă acumulată prin faptele celor 7 miliarde de oameni.

Dar Athosul este o piedică serioasă în instalarea noii religii planetare şi de aceea fariseii noii ordini mondiale au hotărât **să-l demoleze.** Au considerat că punctul slab al fortăreţei Athos este **avatonul** (neumblat) **adică interdicţia pentru femei de a intra în acest loc sacru.**

Interdicţia ca femeile să intre în Athos începe de la un fapt miraculos. Maria, mama lui Isus, se îmbarcă pe o corabie ca să meargă în Cipru, la instalarea lui Lazăr, cel înviat din morţi, ca episcop al insulei.

O furtună abate corabia spre Athos, unde Maria coboară. La primul pas făcut pe ţărm, **statuia lui Apollo sculptată în munte se dărâmă,** iar frumuseţea sălbatică a locului o determină pe Maria să ceară fiului ca acest loc **să fie al ei pentru liniştea monahilor.** La această rugăminte, o voce puternică din cer cutremură muntele: *„Fie ca acest loc să fie moştenire şi grădină, un rai care să salveze pe cei care caută să fie salvaţi."*

În anul 382, **împăratul bizantin Teodosie cel Mare,** întorcându-se de la Roma spre Constantinopol, însoţit fiind de fiica sa **Galla Placidia,** hotărî să treacă şi pe la Athos să vadă care este stadiul de construcţie **a noii sale mănăstiri, Vartopedul de astăzi.**

După ce suita coborî, fata însoţită de curteni se îndreptă spre mănăstire, dar, la intrare, după câţiva paşi, o voce de tunet ce venea dinspre icoana Maicii Domnului Antifonitria, o ţintui locului: *„Rămâi pe loc şi să nu mai cutezi a veni pe aici de acum înainte. Cum îndrăzneşti tu, ca femeie, să calci pe acest loc?"* Fata se retrase speriată, iar cei care o însoţeau au confirmat acest fapt în cronici. Acesta este al doilea fapt din care monahii au înţeles că este interzisă venirea femeilor în munte.

Al treilea începe în sec IX pe la 885, când împăratul bizantin **Vasile I Macedoneanul** a interzis printr-un decret intrarea oricărei persoane în munte, declarând Athosul ca domeniu al monahilor şi i-a scutit şi de plata oricărui impozit.

În 963, generalul **Nichifor Focas îl sprijină pe Sf. Atanase Athonitul să construiască Marea Lavră** şi să pună baze totodată noii organizări a comunităţii de călugări din munte. Îi convoacă pe cei 54 de stareţi şi stabilesc normele valabile pentru toate mănăstirile, printre care şi interdicţia ca femeile să intre în Athos. Astfel, în 1045, se emite un al doilea **Tipicon** (act legislativ), semnat de împăratul bizantin **Nichifor II Focas**, dar şi de încă 180 de stareţi, act în care era prevăzută şi interdicţia avatonului. [17]

Dar Aghiuţă lucrează pe ascuns şi îi îmboldeşte pe ciobanii vlahi să invadeze Peninsula Calcidică şi Muntele Athos. Numai că, odată cu ciobanii bărbaţi, intră în munte şi **ciobăniţele îmbrăcate în straie de bărbaţi,** şi nu una, ci sute, astfel că manuscrisul intitulat **„Scandalurile petrecute la Athos în 1088"**[18], aflat în biblioteca mănăstirii Sf. Pantelimon, ne informează: *„În zilele lui Alexie Comneanul împărat, odată cu turmele au pătruns în munte şi femei în arătare bărbătească şi mult desfrâu şi spurcăciune au săvârşit."*

Monahii tineri au fost seduşi, cei mai bătrâni s-au adresat patriarhului şi împăratului, iar astfel **ordinea a fost restabilită. Vlahii**

---

[17] Fabian Anton, *O istorie cronologică a Sfântului Munte Athos,* Ed. Paralela 45, Bucureşti, 2012.

[18] Marcu Berza, *Scandalurile petrecute la Athos în 1088,* creştinortodox.ro/. 2012.

au fost îndepărtaţi cu forţa, deşi după aceea unii monahi au regretat în scris că le dispăruseră sursele de belşug şi desfătare.

Avatonul încălcat de mai multe ori

Regula avatonului a fost încălcată de mai multe ori în istoria Athosului. Aceste încălcări au constituit motive precedente pentru cei care vor demolarea Athosului **„care urlă prin mass-media"** pentru desfiinţarea interdicţiei.

Prima încălcare a avatonului s-a produs în secolul XI, când femeile şi fetele vlahilor au pătruns în munte.

În timpul războiului de independenţă al Greciei (1821-1829), **fata ambasadorului britanic Lord Stratford îşi însoţeşte tatăl în munte, deghizată în marinar,** mai multe săptămâni. Fascinată de frumuseţea locului, pictează mai multe tablouri, care s-au vândut apoi la licitaţie.

Tot în timpul războiului de independenţă al Greciei, dar şi în **Al Doilea Război Mondial, mulţi monahi şi-au adăpostit mamele, deghizate în bărbaţi, pe Sf. Munte.**

Deşi uneori regula avatonului a fost extinsă până la absurdităţi, cum ar fi interzicerea găinilor pe munte, a oricărui animal feminin – pisicile, păsările din natură sau alte animale de sub pământ „n-au respectat regula".

În timpul războiului civil din Grecia, între 1946-1949, **multe femei au fost adăpostite** în munte de frica urgiei, prin concursul unor rude monahale.

În 1953, **presa elenă face vâlvă din cazul Mariei Poimenidou care, deghizată în bărbat, „s-a plimbat 3 zile prin Athos",** demonstrând că regula este doar apă de ploaie.

În ianuarie 2008, **500 de persoane, printre care şi femei, „au pătruns simbolic şi au profanat îngăduitor muntele",** pentru a protesta împotriva mănăstirilor deţinătoare de pământ în satele demonstranţilor. Tot în acelaşi an, în luna mai, este cunoscut scandalul cu **4 moldovence care au pătruns ilegal pe munte**, neştiind unde sunt duse de călăuzele ucrainene şi fiind apoi iertate „din neştiinţă".

Iar exemplele pot continua, dar aceste compromisuri **„au dat apă la moară" fariseilor anticreştini** care au iniţiat asaltul violent pentru demolarea Athosului.

UE încalcă acordurile încheiate

În sec. al XII-lea, **cruciaţii numai evlavioşi şi creştini n-au fost, căci au jefuit muntele şi la plecare şi la întoarcere.** Asta dovedeşte nivelul creştinismului în Apus după două secole de la schismă.

În 1274, Împăratul bizantin Mihail Paleologul **dă foc mănăstirilor din munte pentru că monahii s-au opus unirii cu biserica apuseană** contra unor beneficii, fără îndoială. Istoria muntelui este plină de grozăvii şi fapte extraordinare pe care regret că nu le pot relata pe aceste pagini, din motive de spaţiu bineînţeles.

Sărim în istoria Athosului direct în sec. XX şi descoperim că în anul 1924 este elaborată **Charta constituţională a Muntelui Athos,** ratificată de statul grec în 1926. Articolul 18 din document precizează că **„intrarea femeilor în peninsula athonită este interzisă",** însă pentru încălcarea regulii nu se prevede nicio pedeapsă.

De-abia în 1953 **decretul 2623 prevede că încălcarea avatonului se pedepseşte cu închisoare de la două luni la un an**.

În 1981, după ce Grecia intră în Uniunea Europeană, se stabileşte de comun acord statutul special de respectare a tuturor rânduielilor seculare ale republicii athonite. Aceleaşi prevederi sunt repetate şi în **declaraţiile comune din 1991 şi 1997.** Dar ipocriţii din conducerea UE au uitat de ele şi dezlănţuie în prezent un asalt furibund asupra Athosului pentru a-l distruge.

Muntele Athos, ca un centru făcător de minuni, este și astăzi ultima speranță pentru miile de oropsiți care mai au doar un pas până la tărâmul morții. Asaltul asupra lui este în plină desfășurare.

Asaltul asupra Athosului

Asaltul asupra Athosului pentru ridicarea interdicției avatonului vine din mai multe direcții: de la cei care vor să facă din Athos un turism foarte bănos, de la cei care disprețuiesc biserica și n-au nicio credință, de la grupurile feministe străine de biserică și care vor „emancipare", de la parlamentul European, de la Consiliul Mondial al Bisericilor.

Fostul ministru al culturii elene între anii 1981-1989 și 1993-1994, doamna **Melina Mercouri** propune în guvern, nici mai mult nici mai puțin decât **„transformarea muntelui într-un parc de hoteluri și cazinouri, iar monahii să fie transferați la Mănăstirea Meteora."**

În 15 ianuarie 2003, Parlamentul European cere printr-o rezoluție guvernului grec ridicarea interdicției care împiedică accesul femeilor în Muntele Athos.

În 4 septembrie 2004, din nou Parlamentul European cere Greciei **anularea pedepsei cu închisoare pentru femeile care încalcă avatonul.**

Pe 23 ianuarie 2003, **Anna Karamanou**, președintele Comitetului pentru Drepturi și Șanse Egale pentru femei în Parlamentul European, șefa Mișcării Pasok (Mișcarea Socialistă Panelenă) acuză:

„Mă întreb pe ce Evanghelie, pe ce dogmă se întemeiază această decizie, care interzice la jumătate din specia umană să intre în Muntele Athos? Respectul pentru tradiție nu poate fi folosit drept scuză pentru restrângerea drepturilor omului. Nicio tradiție, niciun obicei nu poate fi deasupra respectului pentru drepturile civile... Este o rușine să știm că pentru Muntele Athos se acordă subvenții de milioane de euro pentru renovarea mănăstirilor, printre

contribuabili fiind și femei, care n-au totuși dreptul de a merge în acele locuri". [19]

Fondurile Uniunii Europene și ale UNESCO, câte **23 de milioane de euro pe an din 1998,** au reprezentat calul troian pentru revendicările destabilizatoare asupra acestei locații.

Partidul de stânga numit **SYRIZA** a folosit orice prilej în parlamentul grec pentru a pune în dezbatere interdicția avatonului.

Alt partid de stânga, **SYN,** din același parlament, își exprimă poziția anti-avaton în toate ocaziile prin liderul său, Soula Panaretou: *„Muntele Athos este un anacronism în cadrul Uniunii Europene. Interdicția privind accesul femeilor trebuie neapărat ridicată."*

Așadar, tirurile de artilerie anti-avaton tot mai puternice vin și din afara Greciei și din interior. Republica athonită este în pericol.

Strasbourgul a adus în ultimul timp, în 2014, artilerie grea contra Athosului, **SUPERMEMORANDUMUL.**

Art. 8c. Începând cu data de 17.04.2017, în toate bisericile creștine se va desființa avatonul.

Art. 8d. Începând cu data de 1.05.2017, ONU va prelua controlul Bisericii Creștine Unite.

Art. 10d. Începând cu data de 1.06.2014, se desființează avatonul de la Muntele Athos.

Art. 11b. Începând cu data de 20.11.2017, la Muntele Athos vor fi instalați monahi din toate tagmele romano-catolice precum și practicanți ai cultelor păgâne.

Art. 11c. Începând cu data de 1.04.2018, la Sf. Munte Athos se vor pune în funcțiune telegondole și sisteme inovatoare și se vor aduce statui aparținând religiilor păgâne. Sf. Munte va fi transformat în parc ecologic de tip bizantin.

Așteptăm cu înfrigurare aceste transformări. Dar problema este: **va permite Născătoarea de Dumnezeu profanarea grădinii sale? Altfel, toate icoanele făcătoare de minuni din Munte nu-și mai au niciun rost.**

---

[19] *Avathonul. De ce nu au voie femeile în Sântul Munte Athos.* www.creștinortodox.ro/. 2017.

Avertismentul lui Nil Athonitul

„Când femeile vor intra aici va fi sfârşitul lumii." Acesta este avertismentul unor monahi legat de soarta aşezământului Athos şi interdicţia legată de el. Încă din anul 1650, vestitul monah Nil Athonitul avertizează:

„Începând de la 1900 până la mijlocul veacului al XX-lea oamenii şi lumea vor ajunge să fie de nerecunoscut. Răutatea şi înşelăciunea vor creşte tot mai mult.

Bărbaţii nu se vor mai deosebi de femei din pricina îmbrăcăminţii şi a felului în care îşi vor purta părul. Oamenii se vor sălbătici, ajungând ca fiarele. Peste tot vor fi piedici şi sminteli.

Părinţii şi bătrânii nu vor mai fi cinstiţi. Iubirea dintre oameni se va stinge. Minciuna şi lăcomia se vor lăţi peste tot. Desfrânarea, adulterul, sodomia, hoţia şi uciderile vor domni peste acele timpuri.

Oamenii vor fi lipsiţi de mustrări de conştiinţă şi de harul Duhului Sfânt. Vor născoci căi de a vorbi unul cu altul dintr-o parte a pământului în alta, vor zbura ca păsările prin aer şi vor străbate adâncul mării asemenea peştilor.

Oamenii ce vor trăi atunci, având de toate, vor fi nişte nenorociţi." [20]

Se pare că monahul a spus adevărul cu 300 de ani înainte de zilele noastre. Despre aşezământul de la Athos, relatează:

„În sfârşit se va lăsa din mâinile Ei ocrotirea asupra Athosului (din mâinile Maicii Domnului) nu din pricina slăbiciunii ei, nici din cauza puterii neamurilor, ci numai pentru păcatele celor ce locuiesc întrânsul."

Despre ce păcate poate fi vorba?

---

[20] Skartsiuni Dimitriu, *Profeţii despre antihrist*, Ed. Lakman, 2012.

Despre intrarea frauduloasă a femeilor în munte şi despre homosexualitate. Rasputin, misticul rus, după ce a stat 6 luni la Athos, a plecat scârbit de acolo, aflând de practicarea acestui păcat. Căci el cel puţin, îl practica pe cel firesc, sexualitate cu femeile seduse. Athosul rămâne axa ortodoxiei pentru echilibru şi pace în lume, dar şi ultima speranţă pentru nenorociţii acestui secol. Pentru ei voi evoca în continuare istoria uluitoare a **Icoanei Portăriţa** de la Mânăstirea Iviron din Athos, un amestec de real şi fabulos.

Icoana Portăriţa a plutit pe apă până la Athos

În secolul al IX-lea, împăratul bizantin Teofil reporni campania aprigă împotriva icoanelor. Toţi cei ce posedau icoane trebuiau să le predea, altfel sufereau pedeapsa cu moartea.

În aceste condiţii, executorii imperiali **sosiră şi la poarta unei văduve din Niceea** care avea un fiu. Aceasta păstra în casă o icoană veche cu „**Maica Domnului şi Fiul**" moştenită prin generaţii încă de pe timpul apostolilor. Văduva avea ştirea din străbuni că era pictată de Apostolul Luca. **Îi imploră pe soldaţi să-i lase icoana numai o zi,** căci pentru asta le va da bani şi apoi pot să o ia. Aceştia se învoiră.

Însă, noaptea, văduva luă icoana şi o duse împreună cu fiul la ţărmul mării. Aici imploră: *„Stăpână a lumii, tu, Maica lui Dumnezeu, tu poţi să ne izbăveşti şi pe noi de mânia stăpânitorilor şi icoana ta să nu se scufunde în mare".*

Apoi aşeză icoana pe apă şi de aici începe miracolul. Icoana se îndreptă vertical şi se depărtă pe valuri în larg. Văduva a privit uimită priveliştea, şi din momentul acela **hotărî să-şi dea fiul la preoţie.** Suferi rigoarea legii, iar fiul ajunse monah în Athos unde povesti fraţilor de credinţă întâmplarea, peste ani.

Cât timp a plutit icoana pe apele mării nu se ştie, dar e vorba de mai multe luni. **Ea a fost adusă de valuri la ţărmul Muntelui Athos, în dreptul Mănăstirii Iviron.**

Aici călugării văzură într-o noapte **că din apa mării se ridică spre cer o coloană de lumină, un stâlp de foc** care persista ore în şir în noapte. Mai multe nopţi se repetă fenomenul, până când monahii hotărâră se meargă cu barca la stâlpul de foc şi lumină, să se lămurească despre ce este vorba.

Dar stupoare, **lumina şi focul izvorau dintr-o icoană care plutea pe mare**. Din nou stupoare: apropiindu-se cu barca de icoană, **aceasta se depărta păstrând o anumită distanţă**. Acest fapt se repetă alte nopţi la rând.

Ziua şi noaptea monahii stăruiau în rugăciuni pentru dezlegarea fenomenului. Până când un ieromonah pe nume Gavril le dezvălui fraţilor **viziunea lui de întâlnire cu Maica lui Dumnezeu** şi aducerea icoanei.

El le dezvălui faptul că **este desemnat să aducă icoana pe ţărm.** Se adunară toţi în locul stabilit, iar Gavriil, în văzul tuturor, porni pe apă spre icoană, ca pe uscat. Ajunse lângă ea, o luă în braţe şi o aduse la ţărm. **Era icoana văduvei din Niceea.** Bucuria monahilor era nestăvilită: o dusera în evlavie în altarul bisericii.

Însă peste noapte, în ziua următoare, se întâmplă altă minune. **Icoana dispăruse din altar,** iar fraţii, buimăciţi, după ore de căutare, o descoperiseră, unde? **Agăţată de zidul mănăstirii deasupra porţii la intrare.**

O dusera înapoi în biserică, însă fenomenul se repetă câteva nopţi la rând, **o găseau atârnată deasupra porţii**. Cineva se ţine de şotii, şi-au spus monahii, poate chiar Gavriil poate fi vinovatul.

S-au angajat s-o păzească, dar dispărea în văzul pazei. O găseau de fiecare dată la poartă. Monahii erau peste măsură de uimiţi, până când acelaşi Gavriil vine cu dezlegarea misterului.

În vis Fecioara Maria îi spune: *„Spune fraţilor să nu mă mai deranjeze de acum înainte, pentru că eu nu doresc să fiu păzită de voi, ci eu să vă păzesc pe voi în viaţa de acum şi cea viitoare."* Adică să fie lăsată acolo unde se aşezase singură, la poarta mănăstirii.

Gavril n-ar fi avut nici în ruptul capului o asemenea ciudăţenie. El le transmise mesajul fraţilor şi astfel monahii au construit un paraclis la poartă, unde icoana numită **„Portărița”** se află şi astăzi. Despre minunile ei prin zece secole se poate informa oricine. [21]

[21] Teofilact Marinakis, *Icoane făcătoare de minuni ale Maicii Domnului de la Sfântul Munte Athos,* Ed. Cartea ortodoxă, 2008.

CAPITOLUL IV
SUFLETUL DUPĂ MOARTE

Moartea este o iluzie

„Viața este sfârșitul morții... Conștiința unui om este conservată la moarte sub forma unei energii de 20 de wați, chiar dacă trupul nu mai funcționează. Această energie nu se disipează, pentru că nu există realitate în afara conștiinței".[22] Așa ne informează dr. Robert Lanza în lucrarea **„Biocentrismul".**

Ceea ce domnul R. Lanza numește conștiință, care se eliberează de trup la moarte, este chiar sufletul omului despre care vorbesc toate religiile lumii. Deci ce este sufletul?

Este o energie informațională condensată, de 20 de wați. Fapt demonstrat științific. Ca orice formă de energie, nu poate fi distrusă, ci transformată. Domnul Lanza precizează:

„Energia sufletului este o baterie care alimentează un proiector (trupul). Dacă proiectorul este oprit (trupul moare) nu înseamnă că dispare și bateria (sufletul, conștiința). Ea poate să alimenteze un alt proiector (alt trup)."

Unde pleacă sufletul după moarte?

Domnul Lanza ne răspunde: *„În alt univers, căci realitatea este o infinitate de universuri, precum foile unei cărți. Sufle-*

---

[22] Robert Lanza, *Biocentrismul*, Ed. Livingstone, București, 2013.

tul-conștiință trece în alt univers prin așa numitele «Poduri Einstein-Rosen». Ele, la nivel cosmic, sunt găurile de vierme, sub formă de clepsidră, care fac trecerea între universuri.” Depinde unde se găsesc aceste universuri, la nivel de micro sau de macrocosmos.

Deci când vorbim de moarte trebuie să avem în vedere moartea trupului. **„Moartea este o iluzie a minții noaste”**, ne informează domnul Lanza.

În sprijinul domnului Lanza vin cu noi explicații și cercetătorii Stuart Hameroff, doctor american, și Roger Penrose, fizician britanic, care ne uimesc cu următoarele: *„Sufletul este conținut în niște celule ale creierului numite Microtubuli. Informația din Microtubuli la moarte nu este distrusă, ci se redistribuie în univers. Când pacienții sunt resuscitați și revin din nou la viață, informația poate reveni în Microtubuli.”*

Deci energia informațională numită **„suflet”** n-are nevoie de timp și spațiu, căci este nemuritoare. Nemurirea sufletului este în afara timpului, pentru că timpul este doar o convenție artificială în societate.

Moartea nu este sfârșitul vieții

„Moartea nu este sfârșitul vieții, ci viața este sfârșitul morții”, ne lămurește doctor Robert Lanza în lucrarea citată anterior.

Iar în acest context, vom da dreptate lui Einstein care spune: *„Știința fără religie este șchioapă, iar religia fără știință este oarbă. Când stai pe tăciuni aprinși, o secundă pare o oră. Aceasta este relativitatea. Dacă nu poți s-o explici unui copil de 6 ani înseamnă că nici tu n-ai înțeles-o... Prietenul meu Bisso a plecat din această lume. Asta nu înseamnă nimic. Oameni ca noi știu că diferența dintre trecut, prezent și viitor nu este decât o iluzie perpetuă, de încăpățânare umană”.* Adică încăpățânarea umană da a considera moartea o catastrofă, o amenințare continuă.

Ce-i de făcut deci în fața morții trupului?

Să-l întrebăm pe Carl Gustav Jung, celebrul psiholog?

„Cine priveşte înăuntrul său se trezeşte. Moartea omului nu reprezintă sfârşitul. Cel mai bun lucru este ca persoanele în vârstă să-şi continue viaţa prin proiecte de viitor, nu să le fie frică. Trăind, priveşte înainte, nu înapoi. Căci, privind înapoi, te împietreşti, devii rigid, îţi apropii sfârşitul. Este ceva în noi care nu crede lucrul acesta, că vom muri”.

A spus bine psihologul, căci acel ceva este tocmai sufletul, fapt confirmat şi de Pim van Lommel, cardiolog olandez, care, după ce cercetează mii de cazuri, de experienţe în apropierea morţii, el ajunge la concluzia următoare: **există o conştiinţă universală în tot universul, în toate universurile şi este omniprezentă şi infinită.**

Conştiinţele individuale ale oamenilor, prin moartea trupului, se întorc la conştiinţa universală, iar cât timp omul este în viaţă, conştiinţa lui, în condiţii speciale, poate intra în contact cu conştiinţa universală din care poate extrage orice informaţie.

Exemplul cel mai clar este acela a lui Edgar Cayce, ţăranul din Kentucky, care preciza cauza oricărei boli şi tratamentul pentru vindecare fără nicio boabă de medicină la activ.

Deci viaţa noastră nu este o simplă întâmplare, ci ceva necesar care trebuie să se întâmple. **Sufletul nostru va exista într-un proiect etern, deplasându-se prin universuri şi realităţi diferite pentru îmbogăţire continuă.**

Un cercetător rus, dr. Konstantin Korotkov, anunţă lumea ştiinţifică în **2012 că a fotografiat ieşirea sufletului în momentul morţii.** El pune la dispoziţie fotografiile pentru toţi cercetătorii şi demonstrează **că sufletul este o energie de culoare albastru translucid.** El părăseşte mai întâi zona capului, iar în final pe cea a inimii. [23] Dar mai sunt destui sceptici ancoraţi în teoriile clasice care nu-l cred.

---

[23] Konstantin Korotkov, *The Energy of Consciousness,* vol. I, Kindle Edition, 2012.

În concluzie, **sufletul este cea mai prețioasă parte a ființei umane**. Pierderea lui, în sensul de **impregnare cu informații și experiențe negative (păcatele în dogma creștină)**, nu poate fi acoperită cu toate bogățiile din lume, pentru că este parte din esența divină aflată în om. De aceea se pune problema pentru orice muritor: ce se întâmplă la ieșirea sufletului din corp?

„Am fost în iad, știu ce este iadul"

Cine este răzvrătitul care face această declarație șocantă?

Un ins cu o viață uragan, un destin plin de mister, un nenorocit al sorții **care și-a zdrobit părinții prin durerea pricinuită**. Când mama sa a aflat că este homosexual, a căzut din picioare în hohote de plâns: **„Doamne mi-am pierdut fiul, ce mă fac?"**

Acest moment i-a sfâșiat inima lui Eugene, fiul ei depravat. Avea dreptate bătrâna, căci Eugene numai om normal n-a fost până la 36 de ani. Bețiile, desfrâul, pornografia, bătăile, scandalurile, cruzimile, minciuna, hoțiile și toate relele de pe Pământ **„au fost viața lui zilnică"**. Mă așteptam să-mi aducă vești din tărâmul întunericului, de dincolo, **dar el și-a dat seama că a fost în Iad aici pe Pământ.**

La 36 de ani, a căzut cerul pe el, cu toți sfinții, cu toți îngerii, cu toate planetele și sistemele solare. Degeaba, era zdrobit de propriul iad acumulat în sufletul său. Ce era de făcut? Cum să se salveze? **„Am hotărât să mor"**, mărturisește el în scrierile sale. Chiar nu exista nicio cale de salvare?

Măcar să caute dacă există vreo una. Se hotărî să îmbrace haina monahală, intră în asceză totală, copleșit de imensa povară a sufletului său.

Din acel moment *„Am murit pentru această lume"* cum spune el și **s-a apucat să caute cum poate fi salvat sufletul, în viață și după moarte.**

Această căutare n-a durat un an, doi, ci peste 12 ani, prin toate scrierile vechi ale creștinismului, dar și prin scrierile noi contemporane de neurologie, de fizică cuantică, de regresie hipnotică, de dedublare corporală, despre moarte clinică, de psihologie abisală şi din multe alte domenii.

În urma acestor căutări a rezultat o carte foarte căutată de creştini „**Sufletul după moarte**"[24], apărută cu doi ani înaintea morţii autorului, decesul fiind în 1982: *„Am aflat răspunsul, de-acum pot să mor"*, relatează el. Şi într-adevăr moare la 48 de ani, lăsând în urma sa capodopere ale literaturii religioase.

La el, la Serafim de Rose, păcătosul şi salvatul, dar în acelaşi timp celebrul mistic despre care am narat mai sus, am apelat ca să obţin răspunsuri la întrebarea fundamentală.

Ce face sufletul în cele 40 de zile după moarte?

Serafim de Rose, celebrul mistic, ne dă următorul răspuns: *„Când sufletul părăseşte trupul, în primele minute îl întâmpină duhuri rele şi bune. Sufletul se îndreaptă către duhurile care sunt cel mai înrudite moral cu cel decedat."* Îl întâmpină cunoscuţi decedaţi: fraţi, rude, prieteni care se bucură de întâlnire.

„Vederea ochilor trupeşti încetează, începe vederea cea duhovnicească... După moarte sufletul este mult mai viu şi mai conştient decât înainte de moarte. Vreme de două zile se bucură de oarecare libertate, poate vizita locuri pe pământ care i-au fost dragi... Umblă prin preajma casei în care a rămas trupul, în locurile unde obişnuia să facă fapte bune." [24] Însă vederea locurilor şi amintirea faptelor din timpul vieţii este prilej de bucurie şi tristeţe, în funcţie de semnificaţia lor.

A treia zi, sufletul însoţit de 7 îngeri, călătoreşte prin vămi. *„Sufletul trece printre legiunile de duhuri rele care-l acuză*

---

[24] Serafim de Rose, *Sufletul după moarte*, Ed. Sophia, 2013.

pentru toate faptele rele din viață." Sunt 24 la număr, iar trecerea prin ele este un adevărat război. Dar ce sunt vămile de fapt?

Sunt trăiri ale sufletului, depozitate în memoria lui, experiențe individuale, ca urmare a faptelor negative pe care le-a săvârșit în viață. Duhurile malefice îl acuză în asalt, îngerii îl apără. Astfel de experiențe sunt legate de zgârcenie, de minciună, de batjocură, de răzbunări, de ucidere, de sodomie, de cruzime, de adulter, de bătăi etc: 24 la număr. Este condus din nou în fața Sf. Treimi, unde cere iertare.

Urmează apoi 6 zile de vizită într-un tărâm pe care vizionarii ortodocși îl numesc Rai. Un tărâm de basm, de o frumusețe mai presus de fire, cu izvoare limpezi, câmpuri cu flori, cântece. Imagini descrise și de cei întorși din moarte clinică, chiar și membri ai partidului comunist. Serafim de Rose ne precizează. *„Nu se poate pune la îndoială faptul că aceste experiențe sunt neobișnuite. Multe dintre ele nu pot fi mărginite la simple halucinații, par să aibă loc dincolo de hotarele vieții pământești".*

Părintele Cleopa precizează că aceste vizite le fac și drepții și păcătoșii însoțiți de îngeri, dar fiecare cu trăirile corespunzătoare.

În ziua a 9-a sufletul se înfățișează iar în fața Sf. Treimi și cere din nou îndurare.

În etapa următoare, de 30 de zile și nopți, sufletul face altă călătorie, însoțit de îngeri prin Tărâmul Întunericului, adică prin ceea ce creștinii numesc Iad. Sf. Serafim ne lămurește. *După ce a trecut biruitor prin vămi și s-a închinat înaintea lui Dumnezeu, sufletul merge în adâncurile iadului. Unele suflete se găsesc într-o stare de bucurie, iar altele în frica chinurilor care vor veni după Judecata de Apoi".*

Părintele Cleopa adaugă: *„Acolo vede și aude mii de glasuri care țipă și se vaită, vede chipurile hâde ale demonilor, chinurile celor pedepsiți. Sufletul plânge cu amar căci își dă seama că într-unul din aceste chinuri va fi rânduit".* [25]

---

[25] Cleopa Ilie, *Drumul sufletului după moarte,* Ed. Supergraph, 2013.

În ziua a 40-a se dă sentința definitivă la Scaunul Sf. Treimi. Cei rămași în viață fac rugăciunea de pomenire de 40 de zile. Este momentul crucial în care are loc judecata particulară, când se hotărăște unde va sta sufletul până la Judecata Universală.

Sf. Serafim de Rose aduce în sprijinul acestor peregrinări ale sufletului mărturiile celor mai străluciți duhovnici ai creștinătății, dar și constatările cercetării științifice contemporane.

Mai poate fi salvat sufletul păcătos în cele 40 de zile de peregrinaj sau după? Răspunsul este DA. Dar în ce fel?

Părintele Serafim de Rose ne lămurește: *„Nu putem face nimic mai bun și mai de seamă pentru morți decât să ne rugăm pentru ei, făcându-le pomelnice la Liturghie, mai ales de-a lungul celor 40 de zile".* Este vorba și de rugăciunea făcută în biserică din prima zi, din a 3-a zi, din a 9-a zi, cât și rugăciunile particulare la domiciliu (panahidele).

Altă cale este **Milostenia,** adică darurile făcute către săraci pentru sufletul răposatului. **„Îngropările fastuoase arată nu iubirea față de cel mort, ci vanitatea. Milostenia este pecetea cu care sufletul este pecetluit."** (Sf. Ioan Gură de Aur)

Pomenirile în zilele destinate morților rânduite de biserică peste an, însoțite de rugăciuni și slujbe.

„Nu vă cheltuiți banii cu împodobirea pe dinafară a sicriului și a mormântului, ci cheltuiți spre ajutorare celor aflați în nevoi prin pomenirea celui drag, ne sfătuiește Părintele Serafim. *Fiecare cuvânt al rugăciunilor pentru răposat este ca un strop de apă dat unui însetat."*

Bine, dar cum putem ști că toate aceste lucrări salvează sufletul trecut dincolo?

Chiar prin relatările unor suflete **care i-au anunțat pe cei rămași în viață de efectele lucrărilor făcute pentru ele.** Dar asta este o altă problemă pe care o vom aborda cu altă ocazie.

Până atunci este crucial în viață să avem grijă de sufletele noastre, dar să le ajutăm și pe ale celor decedați. Fizica cuantică ne dezvăluie această legătură.

„Certificatul de absolvire" al sufletului

Cel mai important lucru pentru un om şi pentru un suflet este **să-şi descopere scopul vieţii**, Adică să afle pentru ce s-a născut şi pentru ce trebuie să-şi trăiască viaţa şi cum s-o trăiască.

Ortodoxia ne dă o perspectivă îngustă în acest sens, căci sufletul n-are de ales decât între două locaţii: RAI sau IAD. De aceea nu poate explica de ce Dumnezeu trimite tot mai multe suflete care trec prin viaţa organică pe Pământ.

Viaţa fiecărui om pe Pământ este o acumulare de experienţe cu reflexii dureroase sau benefice în urma cărora sufletul se perfecţionează continuu. **De aceea sunt momente în viaţa fiecărui om când se întreabă dacă ceea ce face are vreun sens, dacă prin munca sa el se simte mulţumit în sufletul său**.

La acest punct, cei mai mulţi confundă cele două planuri, planul material de acumulare de bunuri şi bani, care este un rezultat al egoului personal, cu planul spiritual de perfecţionare prin iubire, compasiune, iertare, recunoştinţă, creativitate al sufletului. Cei mai mulţi oameni se confundă cu corpul material şi trăiesc doar pentru stomac şi pentru sex.

Este ştiut că sufletul nu se îmbogăţeşte prin acumulări materiale, ba din contră acestea sunt o sinucidere pentru el, nu se poate vinde pentru bani. Mai devreme sau mai târziu va descoperi această capcană şi va scăpa de ea prin alt sens al vieţii. Destui oameni bogaţi descoperă că nu sunt mulţumiţi sufleteşte. Şi-atunci ne întrebăm: ce-i de făcut?

Căci fiecare om îşi croieşte un plan de carieră, de îmbogăţire, de întemeiere a unei familii şi face din acestea un scop al vieţii. Dar, din păcate, acestea nu sunt şi scopuri ale sufletului, ci doar ale egoului organic care ne domină.

În descoperirea scopului său, sufletul se implică în planul creaţiei materiale, iar dacă din el nu învaţă nimic, poate avea parte de evenimente dureroase din care este nevoit să înveţe ce cale trebuie urmată.

Întrebarea esenţială rămâne. **Care-i menirea noastră în viaţă? Ce cale trebuie să urmez ca să rezolv problema pe cele două planuri ale evoluţiei mele, cel material şi cel spiritual?**

Aimen Klimmeron, un răzvrătit împotriva societăţii degradate de astăzi, în lucrarea **„Ce rost am?"** ne dă următorul răspuns:

„Pentru a-ţi găsi menirea, este nevoie de o sinceritate absolută şi de eliminarea autopăcălelii. Nu-i nevoie să fii cel mai bun, cel mai frumos, ci să fii tu însuţi, să devii autentic... Să învăţăm să ne ascultăm inima, căci ea cunoaşte binele pentru ceilalţi. Astfel ne încadrăm în armonia cosmică."[26]

În aceeaşi lucrare autorul precizează că societatea de astăzi ne transformă în roboţei ascultători, ca să executăm necondiţionat muncile sclaviei, să fim corupţi cu titluri şi beneficii materiale sau ameninţări.

Relatările celor întorşi din moarte

Ce se întâmplă cu sufletul omului dincolo de moarte este o întrebare care cutremură conştiinţa oricărui individ.

Dintre miile de opinii şi păreri elaborate pe ceastă temă e greu s-o alegi pe cea care reflectă adevărul.

Răspunsurile vin din două direcţii: una fiind formată din grupul de cercetători care au analizat sute de cazuri de moarte clinică în spitale, iar cealaltă de la scrierile unor renumiţi vizionari religioşi care au primit răspunsuri la această problemă cheie.

În cazuistica clinică răspunsuri pertinente vin din partea lui **Raymond Moody** prin al său bestseller **„Viaţă de după viaţă"**, din partea lui **Elisabeth Kübler-Ross**, ce şi-a expus concluziile de la 20.000 de cazuri în **„Despre moarte şi a muri"**, de la **Eben Alexander**, medic de renume mondial, care-şi descrie propria sa moarte clinică în bestsellerul **„Dovada lumii de dincolo"**, de la **Brian L. Weiss M.D.**, care-şi „transferă" bolnavii prin transă hipnotică în vieţile

---

[26] Aimer Klimmeron, *Ce rost am? Descoperă şi împlineşte-ţi menirea vieţii*, Ed. For You, Bucureşti, 2012.

anterioare şi universuri paralele, expunându-şi opiniile în celebra lucrare **„Multe vieţi, mulţi maeştri"**[27], dar şi de la alte sute de cercetători ai domeniului.

Dintre toate cazurile cercetării clinice, autorii au precizat o serie de coincidenţe legate de etapele prin care trece sufletul în momentul morţii, etape care sunt aceleaşi la miile de cazuri studiate. Satisfacem curiozitatea ta, prietene, enumerându-le:

Instaurarea unei linişti interioare profunde înainte de părăsirea trupului. Adesea ea este însoţită de o bucurie copleşitoare, durerea trupului dispare. Senzaţiile care urmează morţii sunt variate de la om la om, în funcţie de nivelul moral la care se găseşte sufletul în momentul morţii. De aceea, la moartea unui om, părinţii bisericii recomandă să nu se plângă. Strigătele de durere din jurul mortului fac ca sufletul să nu se poată desprinde de trup, provocându-i mare suferinţă. „Îl întorc de la moarte" în expresia populară.

Desprinderea sufletului-spirit de trup. La suferinzi se face gradat, lent, la accidente desprinderea are loc brusc. De cele mai multe ori, persoana muribundă nici nu-şi dă seama de această părăsire, dar observă că simţurile sale au devenit foarte ascuţite, intense. Descoperă că poate levita, vede şi-i aude pe cei prezenţi, vorbeşte cu ei dar nu-l ascultă. Îşi vede trupul material.

Apariţia unei lumini intense şi a unor entităţi necunoscute, care pot fi strălucitoare şi benefice, sau malefice, înspăimântătoare, întunecate. Corpul-spirit este însoţit de entităţi benefice. Dar trebuie să precizăm că nu toţi muribunzii au parte de lumină. Doctorul Maurice Rawlings, care a reanimat mii de pacienţi de la moarte, susţine că mulţi dintre ei au avut parte de întuneric şi groază, cu întâlniri demonice. ***„Ceea ce vede omul acolo corespunde cu ceea ce a meritat el prin viaţa sa dreaptă sau păcătoasă."***

Vizualizarea propriei vieţi are loc în prezenţa entităţilor însoţitoare, cu o viteză fantastică, în toate amănuntele, toate faptele săvârşite. Bune sau rele. În acest sens, doctorul **Constantin Dulcan,** celebru neurolog şi psihiatru român, ne lămureşte. *„La filmul vieţii nu*

---

[27] Brian L. Weiss, M. D., *Multe vieţi, mulţi maeştri,* Ed. For You, Bucureşti, 2007.

eşti deci un simplu spectator, ci trăieşti aievea durerea şi tristeţea pe care ai produs-o altora, chiar şi bucuria şi recunoştinţa celor pe care i-ai ajutat şi iubit."[28]

Întâlnirea cu prieteni şi rude decedate. Este un aspect constatat de ambele surse de informaţii, şi de la cei întorşi din moarte clinică şi de la părinţii ortodoxiei, văzători cu duhul. Întâmpinarea noului suflet este făcută cu bucurie, cu îmbrăţişări, ca întoarcere acasă, ca revedere şi sprijin în noile condiţii.

Intrarea în Tunelul de Lumină. Mulţi dintre cei care s-au aflat la graniţa dintre viaţă şi moarte au relatat intrarea în Tunelul de lumină. Este ca o chemare spre punctul de lumină de la capătul tunelului. Pe măsură ce sufletul se îndreaptă spre lumină, tunelul se deschide, lumina devine tot mai puternică şi în final în globul strălucitor se poate distinge figura lui ISUS sau a altor sfinţi. Ei îl învăluie pe cel venit în dragoste intensă şi hotărăsc dacă cel venit rămâne sau se întoarce în viaţa pământească, unde mai are vreo datorie.

Rezumând toate experienţele prin care trece sufletul după moartea clinică, analizate de cei mai reputaţi medici şi savanţi ai lumii, vom ajunge la concluziile lui **Neale Donald Walsch** în lucrarea sa de răsunet „**Acasă cu Dumnezeu**" [29]:

- Prezenţa pericolului morţii
- Finalul durerii şi perceperea morţii
- Instalarea sentimentului de pace şi bine
- Pierderea vederii şi scufundarea în întuneric
- Ieşirea din corpul fizic
- Întâlnirea cu rudele decedate
- Distorsiunea timpului şi a spaţiului
- Intrarea într-un tunel întunecos
- Apariţia unei lumini la capătul tunelului
- Ascultarea de cântece şi sunete melodioase
- Ajungerea într-un peisaj luminos
- Întâlnirea cu fiinţe de lumină

---

[28] Dumitru Constantin Dulcan, *Mintea de dincolo,* Ed. Eikon, Cluj-Napoca, 2013.
[29] Neale Donald Walsch, *Acasă cu Dumnezeu,* Ed. For You, Bucureşti, 2007.

• Vederea unor evenimente viitoare
• Filmul vieţii
• Expansiunea cunoaşterii
• Întâlnirea cu bariera şi interzicerea de a o depăşi
• Dispariţia fricii de moarte
• Întoarcerea şi dedicarea unei vieţi spirituale.

Cum arată corpul decedaţilor în lumea de dincolo?

„Înfăţişarea omului în plan astral e asemănătoare cu cea de pe Pământ, numai că-i diafan, transparent, putându-se vedea lucrurile din spatele lui, ca printr-un geam", ne atenţionează profesorul Scarlat Demetrescu în cartea sa **„Viaţa dincolo de mormânt"**. [30]

„Deşi omul astral mai are picioare, întrucât aceste picioare în lumea de dincolo nu mai funcţionează, ele se reduc, se subţiază, prezentându-se ca două prelungiri sub abdomen."

Şi asta pentru că deplasarea în plan astral se face la comanda gândului, instantaneu, la locul gândit.

„Corpul astral prezintă şi două mâini, dar ele nu mai au funcţionarea mâinilor carnale." E destul ca sufletul să-şi îndrepte atenţia spre un obiect şi are îndată impresia tactilă... de contact.

Aparatele digestive, circulator, respirator şi excretor, care în corpul fizic umpleau cavitatea toracică şi abdominală, în plan astral nu-şi mai au raţiunea de a exista, pentru că aici omul nu se mai hrăneşte, nu mai consumă elemente ale materiei fizice.

„Cât despre organele genitale, ele dispar cu totul. Omul astral este fără sex, nici bărbat nici femeie."

---

[30] Scarlat Demetrescu, *Viaţa de dincolo de mormânt,* Ed. Emet, Braşov, 2013.

Sexualitatea există doar în lumea fizică, iar sexul se schimbă în seria reîncarnărilor după necesitate, după cum vor decide spiritele conducătoare ale omenirii.

Când sufletul va hotărî că are nevoie de forţă, de hotărâre şi experienţe dure, se va naşte bărbat. Când va trebui să capete sensibilitate, răbdare, afectivitate, el se va naşte femeie.

„Organele de simţ – ochi, nas, urechi – se menţin şi ele, dar funcţiile lor nu mai sunt localizate în aceste organe. Simţurile sunt răspândite pe toată suprafaţa corpului şi au o intensitate foarte mare faţă de cele fizice.”

Vederea pătrunde şi în interiorul corpurilor. Spiritele se văd unele pe altele numai dacă sunt de aceeaşi valoare, dar cele inferioare le văd pe cele evoluate numai dacă acestea se lasă văzute.

O altă însuşire a sufletului astral este aceea că vede gândurile celor de acelaşi nivel cu el.

Spiritele superioare nu mai au nevoie de corp, ele putând exista sub formă de glob luminos, glob energetic, câmp de conştiinţă condensat.

„Însă cea mai curioasă facultate în acest tărâm astral este legată de transformarea unei idei în corp sau fiinţă reală în spaţiul respectiv. Este destul ca spiritul să se gândească la ceva şi imediat obiectul apare vederii sale.”

Ce se întâmplă cu aceste creaţii?

„Aceste forme dispar prin timp, ele sunt efemere.”

Deci lumea de dincolo este şi ea ierarhizată pe nivele, în fiecare din acestea acţionând spirite-suflet cu grade de evoluţie corespunzătoare fiecărui nivel.

„V-am declarat moartă, doamnă, de unde-aţi apărut?”

Medicul se frecă la ochi, crezând că are halucinaţii. **Afirmaţia din titlu a făcut înconjurul lumii în 2006.** Era adresată de un renumit medic oncolog lui Anita Moorjani din Hong Kong, care revenise din moarte după 30 de ore.

Raportul medical preciza clar: **deces de cancer limfatic de grad 4B.** Corpul bolnav și-l descrie chiar ea, aflată ca suflet în afara lui.

Un schelet învelit în piele, fără urmă de mușchi, spart pe toată suprafața de bube cu puroi, noduli limfatici de mărimea unei lămâi pe gât, pe față, pe cap, pe abdomen, pe membre, pe spate. Un hoit plin de răni și lichid gălbui, urât mirositor. Fața, o mască hidoasă care a determinat leșinul asistentelor.

Lumea medicală nu poate nici astăzi explica acest caz, revenirea din moarte și remisia cancerului limfatic de ultimă fază în 3 săptămâni. În schimb, explicația o dă chiar ea, Anita Moorjani, care a scris cartea: **„Am murit și m-am descoperit pe mine însămi"**[31]

, care a devenit bestseller. Toate informațiile ce urmează provin chiar din lucrare.

Patru ani se luptă Anita cu cancerul și până la urmă boala o doboară. **A încercat toate metodele posibile**, inclusiv cele de medicină complementară, precum terapia ayurveda, sacroterapie, alimentație naturistă, terapia prin yoga, bioenergie, psihoterapie prin rugăciune, hipnoterapie, cure de ceai, meditație zen. Toate au fost zadarnice.

Pe 2 februarie 2006, **intră în moarte clinică**. Iată cum descrie desprinderea de corpul fizic.

„Nu mai coopera cu mine corpul fizic, zăceam acolo complet rigidă... Îl priveam de deasupra. Nu mai puteam folosi cele 5 simțuri biologice, dar **receptam toate informațiile cu o acuitate mult mai mare decât dacă mi-aș fi folosit organele fizice.** Deși ochii fizici erau închiși, vedeam totul și eram conștientă de ceea ce se petrece în jurul meu, dar și de ceea ce simțeau oamenii fizici. **O vedeam pe mama cum se chinuia."**

---

[31] Anita Moorjani, *Am murit și m-am descoperit pe mine însămi,* Ed. Adevăr Divin, Brașov, 2012.

– Mamă, te rog nu mai plânge, nu mai plânge, mă simt nemaipomenit de bine, nu mă mai doare nimic!

Eram convinsă că rostesc aceste cuvinte cu voce tare, dar nu se auzea nimic. De ce nu mai coopera cu mine corpul meu? Doream să-mi îmbrăţişez soţul şi mama, asigurându-i că nu mai am dureri.

– Sunt bine, iubitule, sunt bine, nu-ţi mai fă griji!"

*Dar Danni (soţul) nu mă auzea. E incredibil, mă simt atât de uşoară şi liberă. **Durerea, tristeţea şi suferinţele dispăruseră, fără urmă.** Parcă fusesem prizonieră în acest corp, care zăcea inert şi schimonosit.*

__Îl auzeam pe soţul meu, de la 15 m,__ ce discuta cu medicul pe culoar.

– Nu mai putem face nimic pentru soţia dumneavoastră, domnule Moorjani. Organele ei au încetat să mai funcţioneze, creierul este plin de fluide, la fel şi plămânii.

– Sunt bine iubitule, sunt bine! Nu-l asculta pe medic, iubitule! Mă auzi? Vreau să ştii că sunt bine!

Dar observam că soţul nu aude nimic din ce-i spun.

Dilatarea conştiinţei după ieşirea din corp

__Am simţit că sunt trasă departe de corpul meu de o forţă necunoscută,__ iar ataşamentul meu faţă de cei din jur se destramă.

__Am constatat o dilatare a conştiinţei__ care a început să umple tot spaţiul, până când __nu am mai simţit nicio diferenţă dintre mine şi restul lumii. Am devenit una cu realitatea din jur__.

Simultan am devenit conştientă de prezenţa lui Anoop, fratele meu, care se afla într-un avion, la mii de km distanţă. Uite-l pe Anoop! Vine La Hong Kong să mă vadă, nu te grăbi, bietul meu .

– Anoop, nu-ţi face griji, nu mă mai doare nimic. L-am îmbrăţişat.

– *Sunt aici, Anoop. Dar n-a simţit nimic.*

Senzaţia pe care o trăiam era o bucurie fără margini, dublată de o stare de exaltare şi fericire. Pe măsură ce **am continuat să-mi dilat conştiinţa în lumea de dincolo,** *am simţit cum ataşamentele mele emoţionale faţă de cei din lumea fizică încep să pălească. Am fost înconjurată de o iubire necondiţionată care depăşeşte orice imaginaţie. Sufletul meu îşi realiza, în sfârşit, măreţia supremă Ştiam tot ce se întâmplă în planul fizic.*

Deodată am devenit conştientă de prezenţa tatălui meu, care murise cu 10 ani în urmă.

– Tată, eşti aici? Nu-mi vine să cred.

– Da, sunt aici, scumpa mea şi am fost aici dintotdeauna!

Am recunoscut apoi esenţa bunei mele prietene Soni, care murise tot de cancer cu 3 ani în urmă.

Deşi nu-mi foloseam cele 5 simţuri fizice, aveam o percepţie nelimitată. Aveam o vedere periferică de 360 de grade şi puteam vedea întregul mediu din jurul meu...

Simţeam toate evenimentele în simultaneitate, trecutul, prezentul şi viitorul. Timpul nu se derula liniar ca în corpul fizic, puteam percepe totul în simultaneitate...

Universul chiar are o logică a lui. În sfârşit, acum ştiu de ce a trebuit să mă îmbolnăvesc de cancer... Cine îmi oferă aceste informaţii?

Aaa! Dumnezeu, care nu este o fiinţă, ci o stare existenţială sublimă. Iar eu m-am aflat în această stare...

Mi-am văzut viaţa ca pe un fir într-o ţesătură infinit de complexă şi colorată... Iată-mă, nu mai am corp, dar continui să exist. Sunt măreaţă, puternică, liberă şi omniprezentă...

Nu mai aveam corp fizic, ci eram esenţa pură infinită. Cunoaşterea la care aveam acces îmi tăia respiraţia. Era destul să-mi îndrept gândul spre ceva şi se dezvăluia adevărul.

Noi suntem iubire, expresia iubirii necondiţionate a universului. Universul este viu, dinamic, conştient. Este extensia noastră, iar conexiunea cu el nu se poate realiza doar cu cele 5 simţuri... Suntem conectaţi la această energie universală, avem acces la ea prin dilatarea conștiinței noastre individuale. Să devenim una cu sursa iubirii pentru a putea transcende realitatea."

Născută la Singapore într-o familie hindusă, Anita își împărtășește experiența celor 30 de ore de moarte la mai multe posturi tv și publicații din lume.

Întoarcerea în corpul fizic i-a fost transmisă de entități de lumină și de tatăl său, căci ea în ipostaza de suflet hotărâse să nu se mai întoarcă. Însă experiența prin care a trecut trebuia, i s-a spus, împărtășită lumii. Revenirea la normal în 3 săptămâni, cu deplasare singură, a fost un miracol pentru medici. A râs tot timpul de ei, pentru că încă îi aplicau tratamente în doze, deși i-a anunțat că se va vindeca și fără ajutorul lor. De altfel a și fugit din spital fără acordul nimănui.

„Coborârea mea în închisoarea cancerului a fost pentru ca să dau lumii un mesaj... Eu cred că marile adevăruri ale lumii nu se găsesc în lumea exterioară și nu pot fi aflate prin studierea stelelor și planetelor, ci sălășluiesc în interiorul nostru, în măreția minții, inimii și sufletului nostru... Până nu vom înțelege ce anume este în interiorul nostru, noi nu vom putea înțelege nici ceea ce există în lumea exterioară."

Mai ales astăzi când cei mai mulți oameni au devenit sclavii lumii exterioare cu suflete sterpe.

Același suflet și 86 de trupuri

„Patru ani am așteptat pentru a căpăta curajul de a dezvălui aceste informații incredibile.

Am tratat mii de pacienți de psihiatrie, am condus secții spitalicești la 4 mari universități, am petrecut zeci de ani în sala de urgențe psihiatrice... Dar informațiile pe care mi le oferea Catherine sub hipnoză erau uluitoare, dar reale... Femeia aceasta, bolnavă, speriată și zăpăcită avea să fie catalizatorul vieții mele."

Iată dezvăluirile Lui Brian L. Weiss, psihiatrul care a bulversat medicina cu renumita metodă de vindecare **regresia hipnotică**, explicată în bestselleruri care-au făcut valuri în lume, precum „**Acelaşi suflet, multe trupuri**" sau „**Multe vieţi, mulţi maeştri**". [27]

Ca medic psihiatru, era mâhnit şi decepţionat de tratamentul clasic, cu tranchilizante, al bolnavilor, în care aceştia deveneau doar legume, dar fără vindecarea bolii. Mila şi disperarea îl măcinau deopotrivă.

Cum să descopere cauza bolii şi cum s-o înlăture, îl frământa ca un cuţit prin conştiinţă întrebarea, încât soţia, văzându-i exasperarea, îl atenţiona: **„Dacă o vei lua razna şi devii pacient, pe tine cine te va vindeca şi cu ce?"**

Trebuia să găsească răspunsul.

De ce hipnoza la unii dădea rezultate şi la alţii nu? Înseamnă că traumele sunt acumulate în subconştientul bolnavului din alt timp şi nu din viaţa aceasta. Acesta era şi cazul lui Catherine, care trăia de azi pe mâine doar prin fobii, coşmaruri, depresii, atacuri de panică, frică permanentă, anxietate. Fricile şi anxietatea îi anulaseră somnul, iar sfârşitul se apropia cu paşi repezi.

Dr. Weiss se hotărî **să aplice tratamentul prin regresie hipnotică.** Prin hipnoză o condusese să trăiască traumele din viaţa ei actuală, dar obţinu puţine ameliorări. Continuă şedinţele şi depăşi hotarul naşterii ei în urmă.

Surpriză totală, Catherine trăia în hipnoză traume mai mari, zvârcolindu-se şi plângând intens. Acesta era răspunsul, avea în subconştient imprimate traume mai mari din alte vieţi.

Fusese când bărbat, când femeie, schingiuită prin Anglia lui Cromwell, maltratată prin Orientul Mijlociu, sclavă în Egipt, ucisă în duel în Renaşterea italiană, torturată prin Inchiziţie. Redăm episoade din cartea dr. Weiss: **„Multe vieţi, mulţi maeştri".**

Dar dacă acestea erau doar simple fabulaţii inventate de pacient? Dr. Weiss stătea la îndoială. Se hotărî să verifice. În una din şedinţele hipnotice o conduse să-i dea informaţii despre el.

„*Şi acum vă pare rău după copilul care v-a murit de inimă doar la o lună după naştere; dar aşa au hotărât*

maeştrii. Tatăl dumneavoastră care v-a iubit foarte mult vă ajută de acolo de unde este.”

Dr. Weiss o întrebă: De ce a murit tatăl meu?

„Îl chema Avrom şi a murit de inimă la 61 de ani.”

Era extraordinar. De unde aflase femeia aceasta date precise despre familia lui?

„Jordan, fiul mijlociu, a urmat carieră juridică, iar Amy, sora lui, v-a urmat profesiunea. Amy simt că vă este deosebit de dragă”.

Extraordinar, totul era exact. Trebuia să verifice de unde avea datele acestea exacte despre familia lui. Programă alte şedinţe de regresie hipnotică şi o întrebă dacă se mai întâlnise cu ea în vieţile trecute.

„Aţi fost învăţătorul meu de mai multe ori. Prima dată ca rabin în timpul lui Isus. Am participat împreună la răstignirea lui; aţi plâns pentru El şi v-aţi ascuns de farisei. Slujeaţi la templu”.

O întrebă de unde are aceste informaţii. **„Cum de unde, de la maeştri. Ei mă îndrumă tot timpul. Mai târziu mi-aţi fost învăţător sub numele de Diogene; v-am îndrăgit.”**

Era prea mult, uimirea îl depăşea. Dr. Weiss se hotărî să se lase el hipnotizat, în regresie, de un confrate din spitalul din Miami, ca să verifice dacă Catherine a spus adevărul despre vieţile lui anterioare. În acelaşi timp, Catherine se duse la un renumit medium, Iris Saltzman, pentru a verifica dacă ceea ce era înregistrat pe casete la dr. Weiss coincidea cu ceea ce va relata mediumul despre vieţile ei anterioare.

Dr. Weiss era uluit. Evenimentele din vieţile lui anterioare, înregistrate când el fusese în regresie hipnotică, coincideau cu cele date de Catherine pe casetele sale despre el. În unele şedinţe Catherine vorbea în limbile corespunzătoare ţărilor în care a trăit. În stare trează habar n-avea de ele.

Dar surpriza cea mare era că această femeie s-a însănătoşit complet trăindu-şi traumele din vieţile anterioare Dr. Weiss aplică metoda şi la alţi 4000 de pacienţi, iar vindecările au fost spectaculoase. A renunţat la tratamentul bolnavilor cu tranchilizante. El, omul de religie catolică care nu dădea nici doi bani pe povestea reîncarnării, a ajuns s-o folosească în tratamentele sale ca ultim remediu pentru vindecare.

„Am înțeles că cea mai supărătoare sarcină era să-mi păstrez mintea deschisă la ipoteze noi și surprize", declară el în finalul cărții.

Nici eu nu prea cred în reîncarnare, dar, după ce am parcurs zeci de surse, am redat doar episodul acesta din activitatea renumitului cercetător. Pe una dintre casete există întrebarea adresată lui Catherine: „De câte ori te-ai reîncarnat?" **„Maeștrii spun că de 86 de ori"**!

Ororile sale l-au pedepsit

„Cu cinci minute înainte să mor am auzit un tunet puternic, semn că o furtună se apropia..."

„Pe data de 17 septembrie 1975, la vârsta de 25 de ani, am primit apelul telefonic de la Dumnezeu, adică trăsnetul, înainte să termin conversația la telefon cu prietenul meu de afaceri Tommy."

– Hei, Tommy, trebuie să închid, se apropie furtuna!

„Următorul sunet pe care l-am auzit a fost acela al unui tren marfar care a intrat prin urechile mele cu viteza luminii. O cantitate uriașă de electricitate a curs prin corpul meu de parcă fiecare celulă era arsă cu acid sulfuric".

„De la durerea intensă de dinainte am trecut instantaneu la o stare de pace și seninătate, ca și cum aș fi fost scăldat într-un ocean de liniște, absolut glorios. Chiar sub mine se afla corpul meu aruncat pe pat, cu pantofii fumegând și telefonul topit în mâna dreaptă"

„Soția mea Sandy a trecut la resuscitare, iar Tommy, care auzise bubuitura la telefon, sosi în 10 minute și chemă salvarea... Asistentul medical îmi ascultă inima cu un stetoscop după care, oftând, a spus: S-a dus doamnă, s-a dus!" [32]

[32] Dannion Brinkley, Paul Perry, *Salvat de lumină,* Ed. Adevăr Divin, 2011.

Aşa îşi descrie moartea prin trăsnet, în propria locuinţă, Dannion Brinkley din Aiken Carolina de Sud, SUA, în cartea sa **„Salvat de lumină"**. Omul acesta s-a născut pe Pământ pentru a produce nenorociri altora, chiar şi propriilor părinţi.

La activul lui figurau peste 80 de oameni ucişi **„în interes de serviciu"** ca misiuni speciale primite în cadrul trupelor speciale. Paul Perry, coautor la cartea sa, îl descrie ca pe „un zdrahon cât buldozerul de solid", înalt, cu o privire tăioasă, cruntă, care te îngheţa la întâlnirea cu el. Dar să-l lăsăm pe el să se descrie până la intrarea în armată.

„Am fost o persoană extrem de agresivă, egocentrică şi rea. Din clasa a V-a până în clasa a XII-a m-am bătut de cel puţin de 6000 de ori cu alte persoane. Am fost un copil imposibil de controlat, am provocat părinţilor mei supărări şi necazuri de nedescris."

„În clasa a VI-a, o profesoară a vrut să mă ducă la director pentru obrăzniciile pe care le făceam în ore. Dintr-un pumn am trântit-o la pământ, cu şiroaie de sânge curgând din nas..."

„Plăcerea mea supremă era să le provoc altora durere, să-mi afişez propria duritate... Tot ce îmi doream era să văd sângele curgând".

„În clasa a VII-a am fost eliminat din noua şcoală doar după 3 zile. De altfel am schimbat şcolile, fiind eliminat, ca pe hainele de purtare".

Şi individul acesta, **născut pentru a ucide,** se îndreaptă în armată exact spre tipul de activităţi şi instrucţie care să-i potolească setea de sânge. Toate monstruozităţile sale din adolescenţă îl recomandau, şi primeşte **„misiuni speciale"** în care elimină, în ţările adversare SUA, generali, miniştri, politicieni, primari, terorişti.

Numai pentru a elimina un individ-ţintă, apărat de forţe speciale, **a minat un hotel întreg în care se aflau peste 60 de turişti.** Acesta a sărit în aer cu toţi locatarii săi. El a raportat „misiune îndeplinită".

Trăsnetul care l-a lovit l-a trecut în moarte clinică, i-a distrus inima, transformându-l în legumă. În cartea sa descrie intrarea în Tunelul de Lumină și întâmpinarea sa.

„O ființă de lumină era chiar în fața mea. Ființa de lumină m-a absorbit în ființa ei și, deodată, barajul s-a rupt. Toate evenimentele din viața mea mi-au năpădit în minte. În timp ce corpul meu mort zăcea pe targă, am trăit foarte intens durerile insuportabile pe care le pricinuisem altora. Suferințe de nedescris, parcă-mi șiroia sângele victimelor pe propriul corp, mă sufocam de durere ore întregi...”

„Ființa de lumină mi-a spus. Trăiește ce ai semănat pe Pământ, te vei întoarce să spui oamenilor.” [32]

Și într-adevăr s-a întors în viață, în propriul corp, dar unul paralizat, incapabil să se târască până la baie. Faptele sale au constituit justiția divină, cea mai dreaptă pentru destinul său.

Și mulți se întreabă cu ce-au păcătuit când „trăsnetul” cade peste ei.

Viața noastră planificată înainte de naștere

Viața noastră pe Pământ este o școală. *„Pământul este o școală a sufletelor. Suntem aici pentru a învăța lecțiile care ni se dau”*, ne lămurește Sonia Choquette în bestsellerul „Lecțiile și scopul sufletului”.

În această școală trecem prin 4 stadii, de elev, de ucenic, de calfă, de maestru. *„Viața nu mai este haotică și înfricoșătoare atunci când ai experiențe pentru dezvoltarea sufletului.”* Primind informații prin channelling de la ghizi astrali, autoarea ne dă chiar sfaturile unui ghid: *„Doar atunci când vă amintiți că sunteți o ființă spirituală veșnică care trăiește într-un trup trecător și că vă aflați aici pe planetă ca să faceți experiențe și să învățați să creați cu responsabilitate, atunci orice lucru capătă sens.”* [33]

---

[33] Sonia Choquette, *Lecțiile și scopul sufletului*, Ed. For You, București, 2013.

Însă cea mai șocantă explicație în problema perfecționării sufletului vine de la Robert Schwartz. El susține că lecțiile sufletului sunt planificate împreună cu ghizii astrali înainte de începuturile vieții organice. Se stabilesc în amănunt toate încercările prin care va trece sufletul îmbrăcat în haină carnală.

„Când viața este un șir de suferințe, credem că ea nu mai are sens. Dar fiecare suferință are un scop planificat dinainte, înainte de a ne naște... Nimic nu se poate întâmpla fără ca noi să fi acceptat acel lucru în stadiu de suflet astral."[34]

Autorul ne atenționează, ca și cel precedent, că informațiile provin de la ghizi astrali. Și chiar atunci când respingem sau ocolim experiențele dureroase prin care trebuie să trecem, vor veni altele pentru împlinirea scopului.

Ronald și Mary Hulnick ne îndrumă să ne trăim viața **„Prin ochii sufletului".** Să abandonăm rolul de victimă, **să ne eliberăm de suferințe emoționale centrate pe ego și să abordăm existența centrată pe suflet,** din care să rezulte iubire, bucurie, compasiune, pace. Foamea spirituală a milioane de oameni trebuie rezolvată prin eliminarea comportamentului egoist, a fricilor și angoaselor de tot felul. [35]

Dumnezeu dă șanse nenumărate sufletelor la Școala Pământ; de aceea putem da crezare dr. Emoto Masaru care afirmă că *„viața nu se termină cu un singur ciclu, căci sufletul e ca apa... se întoarce pe Pământ pentru experiențe neterminate și neînțelese. Altfel nu se poate explica diversitatea personalităților și preferințelor noastre... Există indivizi deosebit de talentați, care nu pot fi explicați numai prin zestrea ereditară a părinților. Experiențele noastre anterioare ne urmăresc și ne influențează în viața actuală".*

„Certificatul de absolvire al sufletului" este greu de obținut astăzi în condițiile economice și sociale de pe Terra. Sufletul nu l-ar obține niciodată dacă ar avea numai o șansă, așa cum consideră ortodoxia.

---

[34] Robert Schwartz, *Suflete curajoase*, Ed. For You, București, 2008.
[35] Ronald și Mary Hulnick, *Prin ochii sufletului*, Ed. For You, București, 2011.

Însă absolvirea şcolii terestre este şansa uluitoare pentru trecerea sufletului în lumi cu alte dimensiuni.

Nu Dumnezeu ne pedepseşte...

„Nu Dumnezeu ne pedepseşte. Ne pregătim pedeapsa singuri, aici pe pământ. Există o lege cosmică după care tot ce facem altora se repercutează asupra noastră mai devreme sau mai târziu prin soartă, necazuri, nefericire. Iadul este mai degrabă o stare de spirit a conştiinţei noastre încărcată de păcate." [28]

Aceasta este concluzia eminentului neurolog Constantin Dulcan despre sufletul omenesc, după 20 de ani de căutări în secolul XX. Dar părinţii ortodoxiei au ajuns la concluzii asemănătoare cu 1600 de ani înainte.

De pildă, Clement Alexandrinul ne sfătuieşte că: **„Omul se judecă şi se osândeşte în viaţa acesta şi cea viitoare prin el însuşi. Fiecare dintre noi îşi alege pedepsele, pentru că fiecare păcătuieşte de bună voie."**

Iar Sf. Irineu de Lugdunum adaugă: **„Dumnezeu nu face decât să pecetluiască hotărârea omului. Tuturor celor care se despart de porunci, Dumnezeu le lasă despărţirea pe care ei înşişi au ales-o."**

Deci sufletul îşi pregăteşte pedepsele de după moarte chiar din viaţa pământească prin încălcarea regulilor pe care Dumnezeu i le-a dat. Pedepsele sufletului sunt chiar efectul cauzelor provocate de el în timpul întrupării.

Sf. Grigore de Nyssa ne aduce completări: **„Răul se plămădeşte înăuntrul nostru, cu voia noastră, ori de câte ori sufletul se depărtează de poruncile morale."** El relevă faptul că omul care a încălcat poruncile morale se aseamănă cu cel care închide ochii în faţa luminii soarelui, sau e ca o piatră de patimi care odată pornită la vale se rostogoleşte prin propria ei greutate. Durerea este provocată prin patimi, iar patimile însemnă excesul plăcerilor trupului.

Sf. Maxim Mărturisitorul ne învaţă că **principala sursă a nefericirii celor mai mulţi oameni este lipsa plăcerilor trupeşti,** iar lipsa plăcerilor îi determină pe oameni să le caute şi să cadă astfel în propriile capcane.

Păcatele părinţilor se răsfrâng prin nenorociri asupra copiilor, deşi după raţiunea umană, mulţi s-au revoltat că nu-i drept. Dar lecţia dată de inteligenţa cosmică, adică Dumnezeu, este uimitoare. **Îl trezeşte pe părinte din beţia păcatelor.** În acest sens un exemplu este edificator.

Într-una din zile vine la părintele **Paisie Aghioritul** un tată plângând, cu fiica sa în braţe. **Era bolnavă de cancer pulmonar.** Îl roagă în genunchi: Salveaz-o! Părintele se uită în tăcere la el şi, după un timp, îl întreabă: Ai vreo patimă, vreun viciu? Tatăl răspunde prompt că nu are. Părintele se uită iar lung la el, iar după o pauză lungă îi spune. **Fiica ta se va vindeca, dar lasă-te de fumat** şi du-te şi mulţumeşte-i lui Dumnezeu că te-a ascultat.

Şi gândeşte-te la cuvintele Sf. Pavel: „**Toate îmi sunt îngăduite, dar nu toate îmi sunt de folos, toate îmi sunt îngăduite, dar nu toate zidesc templul. Mergi cu bine!**"

Viaţa noastră influenţată de spirite malefice, din astral

Atât scrierile sfinţilor părinţi, cât şi evocările celor întorşi din moarte clinică ne informează că **sufletul la moarte este preluat spre călăuzire de un Ghid foarte evoluat spiritual.**

Acesta îl conduce prin toate locaţiile prin care şi-a petrecut viaţa terestră, ca să mediteze la toate faptele sale bune sau rele, pe care le-a săvârşit.

Un suflet evoluat va avea o existenţă plăcută în noul spaţiu astral. Însă sufletele vinovate, neevoluate, vor rămâne într-o zonă a lumii de dincolo, corespunzătoare structurii şi vibraţiei lor. Dar să-l lăsăm pe călăuzitul profesor Scarlat Demetrescu să ne lămurească în această problemă.

„Cei care au fost pătimaşi, beţivi, ucigaşi, afemeiaţi, cartofori sunt lăsaţi de ghid să viziteze locurile de pe Pământ unde se practică asemenea patimi. La văzul acestor patimi din viaţa pământească, sufletele dezincarnate sunt cuprinse şi mai puternic de viciile lor, dar, neavând corp fizic, ele nu-şi pot potoli pasiunile vicioase."

„Foarte multă vreme, viaţa pentru cei răi, care au semănat în jurul lor numai ură şi dezastre, viaţa de dincolo este doar durere şi chin pentru că simţirile lor sunt foarte puternice. Sunt zbuciumaţi de pasiunile lor vicioase. Acestea sunt pentru ele ceea ce preoţii numesc Iadul."

Şi în spaţiile astrale mişună o lume imensă de suflete, cu aceleaşi greşeli şi sentimente, cu aceleaşi înclinaţii spre rău, ca atunci când trăiau pe Pământ. Ele simt plăcere când văd pe cei de pe Pământ căzuţi în aceleaşi vicii cu ale lor.

Ce fac printre oamenii tereştri, fiind nevăzuţi?

„Cei care au fot beţivi îi influenţează pe pământeni să bea în exces. Cei ce au fost mincinoşi se complac influenţându-i pe oameni să mintă. Alţii roiesc prin casele de jocuri de noroc pentru a-şi toca averile cei pătimaşi." [30]

Toată gama pornirilor de rău este pusă în acţiune. Aşa se învrăjbesc fraţii între ei, seamănă discordie, împing pe copii contra părinţilor.

Toate acestea le săvârşesc împinşi de natura lor, înapoiată sau din răzbunare pentru cei care i-au pedepsit în alte vieţi. Toată ura lor se revarsă asupra oamenilor prin tot felul de necazuri, boli, nenorociri.

Aşadar, în cazul în care cândva, într-o viaţă anterioară, ai produs nenorociri cuiva, l-ai persecutat, l-ai furat, ai ucis, ai înşelat, acele spirite păgubite te vor urmări cu ura lor în viaţa terestră. Deci multe din nenorocirile care dau peste oameni în viaţa terestră provin de la greşelile lor săvârşite în trecut sau din răzbunări provocate de spiritele păgubite.

„Bieţii oameni, în plan fizic caută o explicaţie pentru viaţa lor nenorocită... dar nu ştiu că cineva din spaţiul astral se răzbună."

„Spiritele neevoluate, care fac rău şi răspândesc în jurul lor numai supărări şi dureri, biserica creştină îi numeşte demoni şi draci..."

„Sunt lăsate în această rătăcire zeci şi sute de ani, până când ele însele îşi vor da seama de starea în care se găsesc... iar spiritele călăuzitoare le vin în ajutor... şi încep să se căiască de toată viaţa lor terestră şi se hotărăsc pentru îndreptare."

Să nu uităm că profesorul **Scarlat Demetrescu** a primit aceste informaţii de la ghidul său foarte evoluat din astral.

CAPITOLUL V
COMERCIANȚII DE VIAȚĂ AMBALATĂ

Moartea ambalată în foițe de staniol

Viața noastră, a muritorilor de rând, se desfășoară astăzi sub amenințarea unui nou pericol. Ca și cum pericolul alimentelor modificate genetic n-a fost de ajuns, i s-a adăugat altul, cel purtător de otrăvuri chimice din industria medicamentelor.

Primul ne servește moartea în stil distins pe farfurie, în timp ce al doilea **ne curtează cu moartea ambalată în foițe de staniol, strălucitoare.** Crezi că exagerez?

În 1950, piața farmaceutică trimitea către populație **1700 tipuri de medicamente, pentru ca în 2016 să livreze de 20 de ori mai mult, adică peste 40 000 de noi tipuri.**

În urmă cu 30 de ani, Henry Gadsden, șeful colosului farmaceutic MERCK, **visa ca medicamentele sale să fie folosite și de oameni sănătoși**, să se vândă ca pâinea caldă sau ca guma de mestecat. Astăzi visul său s-a împlinit.

În 2005, Alan Cassels și Ray Moynihan, doi cercetători în mafia medicamentelor, **dezvăluie strategiile criminale ale marilor concerne** de a determina populația să cumpere moartea ambalată în buline colorate, de pe urma cărora **aceste hidre farmaceutice câștigau anual 500 de miliarde de dolari.**[36]

---

[36] Alan Cassels, Ray Moynihan, *Selling Sicknes (Boli de vânzare)*, Ed. Allen and Unwin, 2005, Pdf.

Astăzi cifrele de afaceri ale acestora **trec peste 1000 miliarde de dolari anual.**

Să luăm cazul concernului Servier din Franța care lansează pe piață medicamentul **MEDIATOR (**Benfluorex) destinat să vindece diabetul și să determine slăbirea celor supraponderali.

Dar în locul celor scontate, **el ucide 2000 de francezi iar altora 3.000.0000 le distruge sănătatea.**

Scandalul este de proporții în 2012; ministrul francez al sănătății, domnul **Xavier Bertrand**, asaltat de o populație furibundă, este nevoit să ia măsuri drastice:

• despăgubiri pentru cei care au folosit medicamentul în ultimii 40 de ani

• destituirea și arestarea celor care au dat avize favorabile pentru medicamente nocive

• scoaterea unor medicamente de pe piață

• condamnarea domnului Servier, patronul medicamentului mortal, la 4 ani închisoare, chiar dacă avea vârsta de 90 de ani

Nu există medicament chimic care să nu aibă și efecte secundare, uneori chiar mortale, pentru cel care-l consumă.

Europa a fost și este un laborator uriaș de cobai pentru hidrele farmaceutice. Însă Europa a început să se deștepte după îngroparea morților rezultați din consumul de otrăvuri chimice.

Agenția Europeană de Evaluare a Produselor Medicale a întocmit lista celor 700 de medicamente mortale interzise.

În România farmaciile depopulează țara

Vai! Cutremur!

Guvernanții și miniștrii sănătății din România n-au auzit de această listă. **Docili executanți ai planului de depopulare a României, au folosit piața farmaceutică ca instrument de ucidere a populației** în două direcții: prima prin vânzarea de medicamente și vaccinuri interzise, care ucid, iar a doua prin lipsa altora care ar putea salva vieți. Iată numai câteva din ele.

AULINUL, medicament „destinat" calmării durerilor și inflamațiilor, a secerat zeci de mii de vieți pe continent. De aceea a **fost interzis** în Spania, Anglia, Finlanda, Turcia, S.U.A., Australia, Japonia. Și chiar și în țara de origine, Irlanda.

Culmea atrocității, el **se vinde în continuare în România. În acest laborator de cobai, de 20 de milioane, se scot bani frumoși pe seceriș de vieți omenești.**

ISUPRELUL, destinat pentru bolnavii de astm, în loc să-i vindece îi trimite pe lumea cealaltă. Și, din anii '80 încoace, a tot omorât mii de oameni pe continent, de aceea este interzis în țările UE. În România se vinde în continuare.

HISTADINUL, destinat pentru afecțiuni alergice, a omorât și el mii de oameni. Este interzis în țările UE, mai puțin România. Aici se vinde la orice oră din zi și din noapte pentru a ajunge mai repede în viața de apoi.

ROACCUTANE produce malformații la 50% din copiii născuți de mame care l-au folosit.

STILBESTROLA produce tumori mamare și uterine la 40% din femeile care-l folosesc.

N-am să-ți încarc memoria cu cele 700 de medicamente interzise.

Dar? Spuneți-mi, guvernanții și miniștrii sănătății din România au vreun Dumnezeu? **Cred că au unul. Dumnezeul BANI prin decese.**

Pentru obținerea profitului, Companiile Farmaceutice mint cu nerușinare. **Angajează „specialiști" care prezintă otrăvurile drept leacuri formidabile.**

Dr. Scott Reuben, angajat al **Companiei farmaceutice PFIZER,** este condamnat în 2008 la 6 ani închisoare, pentru că **a mințit 13 ani în legătură cu efectul „binefăcător" al unor medicamente produse de companie, care au adus moarte în loc de viață.**

Hidra mondială a medicamentelor are tentacule multe și în România și își face conștiincios datoria.

Ea inventează boli care nu sunt reale, ca apoi să-ți prescrie hapuri de înghițit. Așa au apărut **inventatorii de boli care fac din oameni sănătoși pacienți de farmacii și de spital.**

Vrei să afli mai multe? Te invit!

Inventatorii de boli

Jörg Blech, un biochimist german nemulțumit de situația socială, **tulbură în 2005 viața și liniștea medicilor și farmaciștilor germani, dar și din lume, cu o carte justițiară, un document de acuzare arzător**, care-i bagă-n sperieți și pe marii magnați producători de medicamente.

„Die Krankheitserfinder", își intitulează el bestsellerul, adică „Inventatorii de boli"[37], **o specie modernă de escroci și înșelători**, o mafie farmaceutică tot atât de lipsită de scrupule ca și cea clasică.

Medici, farmaciști și corporații au pus bazele unui marketing de boli fabricate, astfel încât tot muritorul de rând, sănătos sau bolnav, să cumpere neapărat medicamente.

În plasa de păianjen a acestei mafii au căzut victime mii de doctori de renume, care au legitimat bolile inventate contra unor cadouri financiare considerabile.

Lisa Cosgrove, cercetător la Universitatea Massachusetts, Boston, publică în revista Psichotherapy and Psychosomatics, în 2009, un articol în care arată **că 50% din psihiatrii care au întocmit Biblia psihiatriei americane DSM (Diagnostic and Statistical Manual of Mental Disorder) au fost plătiți de firmele care produc medicamente pentru așa-zisele boli noi introduse în manual.**

---

[37] Jörg Blech, *Die Krankheitserfender (Inventatorii de boli)*, Ed. Fischer Verlang, 2005.

Martin Winckler declară în postfaţa lucrării de mai sus următoarele: *„a-i face pe nişte oameni perfect sănătoşi să creadă că trebuie să se trateze pe viaţă reprezintă pentru fabricanţii de medicamente o veritabilă rentă viajeră”.*

Iar Jörg Blech, autorul cărţii mai sus amintite, dezvăluie în paginile ei cum negustorii de boli inventate **au impus arbitrar luarea în considerare a altor nivele de colesterol la oamenii perfect sănătoşi, faţă de cele normale, tocmai pentru a deveni cumpărători de medicamente.**

Prin conţinutul cărţii, el dezvăluie cum femeile la menopauză **sunt terorizate cu spectrul osteoporozei,** iar orice disconfort psihologic sau corporal reprezintă o ameninţare de boală, ce trebuie rezolvat cu viteza trenului, la farmacie.

Negoţul cu boli înseamnă astăzi a inventa o boală pentru fiecare medicament fabricat.

Psihiatrul brazilian **Theodor Lowenkron** declară în 2009 că **asistăm astăzi la o psihiatrizare a comportamentelor banale ale omului.** Biblia psihiatrilor americani, DSM-ul, descrie în prezent 283 de afecţiuni psihice, unele de-a dreptul hilare.

Spre exemplu, timiditatea unui copil este pompos denumită: **„social anxienty disorder”** (dereglare de anxietate socială), un simplu gârâit este **„gastro-esophagial reflux disease”** (boala de reflux gastroesofagian), o mişcare reflexă a picioarelor este **„restless legs sindrom”** (sindromul picioarelor care nu stau locului).

Uitarea temporară este **„insuficienţă circulatorie cerebrală”,** iar cei care dau fuga la frigider de 2-3 ori pe noapte, uitându-se îndelung ce să aleagă, suferă de **„Sindromul frigiderului”.**

Cei ce n-au nimerit biletul câştigător la loterie suferă de **„Sindromul de loterie”,** iar şoferii au **„Sindromul de semafor”,** pentru care trebuie să alerge neapărat la farmacie ca să înghită pumnul de buline.

În preajma sărbătorilor, când toată lumea dă buzna la cumpărături, apar **„Sindromul shopping-ului compulsiv”,** adică cumpără lucruri inutile de care le pare rău, ca apoi să le arunce.

Piaţa neguţătorilor de boli este în plină ascensiune **şi ne putem aştepta mâine la noi sindroame,** poate „Sindromul gazelor de eşapament personal" sau „Sindromul căscatului public", chiar şi „Sindromul membrului adormit" pentru cei trecuţi de o anumită vârstă.

Pentru cei nemulţumiţi de politica guvernului, poate se va inventa **„Sindromul protestatarilor de guvern",** iar cei care demonstrează pe străzi, grevişti sau şomeri, strigând „Hoţii" vor fi diagnosticaţi cu **„Sindromul nemulţumiţilor urlători".**

Din convulsiile sociale cotidiene, oamenii de ordine se vor alege şi ei cu un sindrom – **„Sindromul jandarmilor"** –, care, pe lângă bastoane, vor trebui să aibă la ei, şi pastile PROZAC, cu care vor trebui să-i îndoape pe demonstranţi, ca să nu mai urle împotriva autorităţilor.

Viaţă congelată, la pachet livrată

O nouă procedură este lăudată cu surle şi trâmbiţe în toate mijloacele mass-media, ca şi cum prin ea ar fi salvată omenirea în cazul unui holocaust nuclear.

Procedeul este uimitor, **seminţele vieţii, din orice regn ar proveni, vegetal sau animal, sunt concentrate şi puse la păstrare, prin criogenare, în bănci genetice.**

Chiar şi seminţele vieţii umane, ovulele şi spermatozoizii, sunt minuţios pregătite şi depozitate în băncile de spermă.

Iniţiativa pare la prima vedere admirabil de progresistă şi altruistă, fiind însoţită de o publicitate violentă, din care rezultă pentru marele public maxim de avantaje.

Dar zicala populară spune: **pe afară-i vopsit gardul, înăuntru-i leopardul.** În cazul nostru leopardul este reprezentat de toate consecinţele negative ce rezultă din comerţul cu viaţă congelată de la băncile de spermă umană.

Să luăm **cazul Companiei Cryos din Danemarca,** care se laudă că **a onorat cu spermă peste 20 000 de clienţi,** femei singure, lesbiene, gay, familii fără copii etc.

În spaţiul publicitar al acestei companii curge numai miere şi lapte, pentru că **nu latura umanitară este scopul acestei companii, ci profitul.** Dacă vinde un gram de spermă la preţul unui gram de aur, calculaţi cât vinde de la 200 de donatori într-o lună.

Morala şi religia n-au ce căuta în spaţiul companiei. Donatorii pot rămâne anonimi sau cunoscuţi după ce copilul împlineşte 18 ani. **Taţii surogat** îi întrec „în conştiinţă" pe cei din Sodoma şi Gomora Nu contează că se „fabrică" pe mapamond 5000 sau 20 000 de copii cu traume psihice din taţi necunoscuţi; important este profitul.

Oferta este „generoasă": **425 de profile de taţi necunoscuţi.** Ba, pentru clientela selectă, se aranjează **şi o partidă de sex pe întuneric cu mască pe faţa partenerei, bărbatul având faţa liberă.**

Ole Schou, şeful companiei, se mândreşte cu performanţa că trimite spermă **direct la client în 72 de ore.** Şi poate trimite şi spermă „extra" la preţ de Porsche, dar nu ne spune ce performanţe extraordinare are.

Ce nu faci pentru 500 de milioane de dolari anual? Acorzi şi un CD de 30 de minute cu vocea necunoscutului tată, contra a 250 de dolari.

E adevărat că ei la Cryos nu sunt aşa de absurzi ca cei de la Cryobank California din SUA, care cer şi numărul de la pantofi de la bunici şi străbunici, **dar spermatozoizi cu bacalaureat** musai trebuie să existe. Pentru că aşa cer clienţii. Şi Cryos s-a lovit de clienţi aproape imposibili, care au cerut ca urmaşii lor să aibă performanţe de zei, de genii.

Compania ne informează că onorează cu marfă clienţi din 75 de ţări, printre care şi România, şi **că a contribuit la rezolvarea cererii a 5000 de femei singure până în 2016.** Oferta şi condiţiile clienţilor sunt de genul următor: [38]

• Donatorii de spermă trebuie să aibă bacalaureatul sau studii superioare. (Nu ştiu dacă şi spermatozoizii trebuie să îndeplinească această condiţie.)

---

[38] *Copii la comandă. Fenomenul mamelor singure.* www.gândulinfo/ 2015.

• Donatorii de spermă să aibă peste 25 de ani și nu mai mult de 35.

• Un donator nu poate avea decât 25 de copii, chiar dacă el donează spermă de 300-400 de ori.

• Donatorii sunt super-verificați, analizați medical din toate punctele de vedere, mai ales pe linia arborelui genealogic, dacă sunt sau nu purtători de boli genetice.

• Donatorii pot să rămână anonimi, sau pot să-și facă cunoscut numele și nu sunt obligați să plătească pensie alimentară.

• Donatorii nu trebuie să aibă vicii, să fie prezentabili, să cunoască limbi străine, să-și lase fotografii din copilărie și din tinerețe.

Însă, sub toată această poleială lustruită, **„leopardul își arată colții"**, își lasă descoperite defectele. Consecințele acestui comerț cu viață congelată sunt dezastruoase și de lungă durată. Este bine să le știe cei care apelează la serviciile acestor societăți.

„Tatăl meu este donatorul nr. 2035"

Compania Cryos **„n-a putut să-și ascundă leopardul"**, adică numeroasele procese intentate de clienți pentru înșelătorii de genul:

– însămânțări cu spermă de la schizofrenici.

– însămânțări cu spermă de la drogați asiatici.

– însămânțări de la bolnavi de inimă.

– însămânțări de la persoane cu malformații.

Nemulțumirea a apărut și de la donatorii de spermă, pentru că **„au fost azvârliți pe drumuri după o perioadă de exploatare și epuizare"**.

Primul aspect este legat de copiii rezultați din această afacere. **Până la vârsta de 18 ani li se ascunde donatorul, tatăl biologic**. Apoi ei pot să-l afle, asta în cazul în care și tatăl este de acord, dar pot să nu-l afle niciodată, după hotărârea mamei sau a donatorului.

Un astfel de copil **va fi lipsit de rolul tatălui în familie** și va fi dispus la unele sechele psihice în viitor. În SUA și în alte țări **au fost**

copii care și-au căutat tatăl și câte 7 ani prin hățișul de restricții și birocrații care însoțesc comerțul cu viață congelată.

Al doilea aspect este legat de donator, **care poate să rămână anonim sau să fie cunoscut.** În Anglia, un donator poate fi recunoscut **tată a 10 copii,** în Danemarca **până la 25 de copii,** iar în SUA au existat donatori **tați a 150 de copii.**

Acești tați cu penis în loc de creier, evoluați sub regnul animal, **lasă în psihicul copiilor un gust amar pentru toată viața,** dacă nu se va transforma în timp în ură sau în sentimentul de inutilitate. Iată ce declară Vittus pentru 30 de arginți în favoarea Companiei Cryos: **„Mă masturbez pentru ca oamenii să nu mai fie triști... fac astfel un serviciu societății".** Oare așa să fie?

Televiziunea americană a șocat publicul cu depresia unui copil rezultat din spermă livrată, care printre lacrimi a spus *„Tatăl meu este donatorul nr 2035".* L-a căutat 7 ani, dar tot nu l-a găsit. [39]

De aceea unele țări au interzis actul producerii vieții umane în vitro, iar altele, ca Norvegia, Anglia, Australia, Elveția, Austria, Olanda, Noua Zeelandă, Finlanda au interzis donarea de spermă umană de la donatori anonimi.

În al treilea rând, donatorii de spermă sunt oameni fără conștiință și fără scrupule. Dar să aducem în atenție confesiunea unuia dintre ei:

„Cei care spun că dau spermă pentru a veni în ajutorul unor femei singure sunt niște mincinoși jalnici, niște ipocriți căci ei o fac pentru bani sau pentru că au devenit niște masturbatori vicioși.

O să vedeți că cei mai mulți sunt studenți sau tineri fără venituri sau profesii. Noi, donatorii de spermă, nu suntem decât niște masturbatori la comandă, la dispoziția unor comercianți care scot profit de pe urma noastră.

Până ești acceptat, dai spermă și de câte 20 de ori pe gratis, pentru analize. Apoi, după ce ești acceptat, donezi de

---

[39] *Tatăl meu este donatorul nr. 2035,* știrile tv.ro/.

300-400 de ori până când eşti anunţat că nu mai au nevoie de serviciile tale şi eşti pus pe liber.

Dar nu-i interesează pe patroni ce se întâmplă cu viaţa noastră, că nu te mai poţi apropia de vreo femeie după aceea, că te simţi vinovat şi epuizat. Sentimentul inutilităţii te însoţeşte mereu, iar depresia este prezentă şi te apropie de suicid."

Nu mai e nevoie să răspund celor care saltă-n slăvi aspectele „pozitive" ale masturbaţiei.

În al patrulea rând, **clienţii au preferinţe, unele de-a dreptul absurde.** Compania Cryos a primit comenzi mai mult decât bizare. **„Copilul meu să semene cu Bruce Willis sau cu Michael Jordan, dar să fie alb, să semene cu Iisus Hristos, să semene cu soţul meu, dar să fie şaten, înalt şi cu ochi albaştri".**

Din aceste comenzi au ieşit procese juridice răsunătoare, căci **în loc de blonzi au ieşit negri, în loc de europeni au ieşit asiatici.**

Au evadat spermatozoizii şi ovulele din recipiente şi s-au împrăştiat prin lume.

La această „afacere" şi-au adus contribuţia şi hoţii de spermă, care pur şi simplu au spart banca şi **au furat „materialul",** pe care l-au vândut apoi la negru pe piaţă. **Însă, la marfa furată au adăugat şi o altă marfă neverificată, de la donatori publici.** Astfel că pe internet au apărut oferte numeroase, chiar şi la 1000 de euro pachetul, la negru.

Compania Cryos **a trebuit să găsească nişte ţapi ispăşitori,** bărbaţii cu păr roşcat, cărora li s-a interzis oferta în sprijinul umanităţii.

Dar procesele intentate sunt justificate pentru că au împânzit lumea cu copii schizofrenice ale lui Bruce Willis şi bolnavi de inimă asemănători lui Michael Jordan.

Voi fi alături de cei care n-au copii şi le voi susţine cauza, dar îi voi atenţiona să fie foarte atenţi atunci când apelează la comercianţii de viaţă, care au cu totul alte scopuri faţă de cele umanitare.

Asta ca să evit o întâlnire pe stradă cu vreo copie furioasă a lui Bruce Willis, căci un astfel de exemplar te trosneşte numaidecât şi dacă te uiţi urât la el.

Gena infidelităţii, adevăr sau minciună?

Problema infidelităţii este la ordinea zilei şi foarte controversată. Căci nu tot ce se publică „se mănâncă" şi poate fi acceptat.

De câţiva ani încoace, mass-media bate zgomotos tabla **că s-a descoperit gena infidelităţii.** Dar nu şi a fidelităţii, a corupţiei, a delapidării, a lăcomiei, a înşelării electorale.

Doi cercetători americani, însetaţi de prestigiu, dar **rătăciţi prin apele tulburi ale geneticii,** neavând tangenţă cu aceasta, au publicat o carte bombă, care-i face să tremure de bucurie pe infideli şi i-a adus la disperare pe fidelii în căsnicie şi dragoste.

Terry Burnham, economist, şi Jay Phelan, biolog, şi-au intitulat cartea **„Mean Genes: From Sex to Money to Food: Taming Our Primal Instincts." adică, în traducere, ar fi: „Genele josnice: de la sex la bani, la alimente: îmblânzirea instinctelor noastre primare"[40]**

Autorii vor să ne convingă, dar nu prin cercetare de laborator, ci doar pe baza unor statistici, peste 2000 la număr, şi prin observaţii asupra animalelor, **că toate viciile noastre sunt determinate de diferite seturi de gene.** Alcoolismul, fumatul, obezitatea, consumul de droguri, sexul au determinaţii genetice. Dar infidelitatea?

Concluzia lor lipsită de fundament ştiinţific este absurdă. Aceea **că „omul este programat genetic să fie poligam".** Dovadă că 63% din bărbaţi sar gardul şi 40% din femei nimeresc la vecinu'.

În ajutorul celor doi nonconformişti vin alţi căutători de senzaţional, cei de la Universitatea Queensland, Australia, care au declarat că **gena infidelităţii este AVPR1A.** Pe cea a fidelităţii n-au căutat-o, pentru că nu i-a interesat.

Independent de ei, **cercetători de la Universitatea din New York au descoperit şi ei o genă a infidelităţii,** pe care au numit-o

---

[40] Terry Burnham, Jay Phelan, *Mean Genes: From Sex to Money to Food: Taming Our Primal Instincts (Genele josnice: de la sex la bani, la alimente: îmblânzirea instinctelor noastre primare),* Cambridge Perseus Publishing, 2012.

DRD4 şi care afectează o persoană din patru. Dar nu se ştie dacă este aceeaşi cu cea descoperită în Australia.

Şi buf! Europenii şi-aduc şi ei contribuţia la lămurirea infidelităţii, **descoperind gena alelă 334 prin Institutul Karolinska din Stockholm,** genă care-i face pe bărbaţii instabili să se justifice: **„Iubito, n-ai motive de enervare, nu sunt eu vinovatul, ci gena.”**

Japonezul Satoshi Kanazawa de la London School Economics tulbură şi el liniştea celor fideli şi a familiilor monogame cu o serie de concluzii de-a dreptul trăsnite.

• Cei libertini au un IQ mai mare decât cei conservatori. Pe ce bază a tras o astfel de concluzie, numai el ştie.

• Criza vârstei de mijloc la bărbaţii de 40-50 de ani **este provocată de femei.**

• Părinţii frumoşi vor avea parte de mai multe fete decât băieţi în familiile lor.

• Omul este o fiinţă predestinată genetic ca să fie poligam.

• Lipsa contactelor sexuale este cauza atacurilor teroriste. Dacă acesta este cauza, de ce nu rezolvă Occidentul problema, atât de simplă. Şi să-i atenţionăm şi pe călugării din mânăstiri, **„indivizi fără contacte sexuale”, de ce pericol pot reprezenta ei.**

Aşadar „concluzia trasă de păr” este, după cei doi cercetători, **„că genele noastre cele rele sunt cauza infidelităţii”.** Instinctele noastre dau greş în lumea industrializată.

Creierul nostru dornic de plăceri este păcălit de gene. Genele noastre croite după tipare vechi ne determină să ne comportăm precum cimpanzeul mascul în grupul de maimuţe din pădurea ecuatorială. Nici ei, cei doi autori, **nu au pe deplin această convingere,** dovadă fiind explicaţiile lor în continuare.

Ispitele lui Ulise şi legarea de catarg

Doi corifei ai infidelităţii, David P. Barash şi Judith Eve Lipton vor să convingă lumea în **„Mitul Monogamiei"** că infidelitatea este o caracteristică a întregii naturi. Castori, maimuţe, vulturi, iepuri, sturzi şi multe alte dobitoace sunt infideli. E firesc, adaugă ei, ca şi 60% din bărbaţi „ să se comporte natural."[41]

Confuzia şi superficialitatea la cei doi sunt evidente. În regnul animal sunt şi **specii fidele pe viaţă** – pinguinii, lebedele, lupii, maimuţele, gibonii, turturelele, castorii etc. **Iar la oameni infidelitatea este o problemă de opţiune şi stăpânire de sine.** Deşi în ultimul timp se dă vina infidelităţii pe facebook, care a devenit un **„provocator de adulter online",** cauza ei nu se află în gene.

Domnii Burnham şi Phelan menţionaţi anterior au căzut şi ei în **„capcana genelor".** Să-i urmărim în demersul lor în problema infidelităţii. Ei vor să ne convingă că şi căsătoria este determinată de gene, iar, mai târziu, aceleaşi gene devin **„parşive, trădătoare, inconsecvente", provocând infidelitatea.**

Femeile, îşi dau ei cu părerea, devin infidele pentru că vor gene mai bune, din răzbunare, vor un partener mai dedicat, din lipsa de comunicare şi zgârcenia partenerului.

Bărbaţii sunt slabi de înger, cad repede în mrejele sirenelor, vor să scape de monotonie, caută surse suplimentare de fertilitate.

Din cauza acestor motive, 10% din bărbaţi cresc copilul altuia, devin încornoraţi din propria lor prostie. Tonul vocii este un barometru de indicare a infidelităţii.

Bărbaţii cu voce gravă şi femeile cu voce stridentă sunt indivizi predispuşi la infidelitate, instabili emoţional. Sunt convins

---

[41] David P. Barash, Judith Eve Lipton, *Mitul monogamiei, fidelitate şi infidelitate la animale şi oameni,* New York Henry Holt and Company, 2001.

că râsul te inundă la astfel de argumente, dar să urmărim mai departe judecata celor doi americani, ca să ne lămurim cum trag ei concluzii.

În comportamentul infidelităţii **are loc un „război" între gene,** între sperma unui partener şi a altuia, un adevărat Waterloo între spermatozoizi. Căci, susţin autorii, 99% din sperma bărbaţilor nu este fertilă **şi conţine componente care au rolul de a anihila sămânţa altui partener. Astfel aflăm de spermatozoizii soldaţi.** De aceea sperma este în cantitate foarte mare, cu mult peste necesităţi. Conţine milioane de „soldaţi" apţi de luptă pentru a învinge adversarii.

Nici ţâncii nu se pot opri din râs. La astfel de explicaţii hilare, autorii ne atenţionează că **concluziile lor sunt ipotetice, iar naraţiunea este un divertisment.** De aceea îi atenţionează pe infideli dar şi pe ceilalţi cu o serie de sfaturi folositoare.

Trebuie să ne schimbăm modul nostru de gândire, căci **creierul nostru funcţionează încă după nişte programe învechite,** când noi oamenii rătăceam prin junglă. Creierul nostru ne păcăleşte, căci nu s-a putut adapta la condiţiile unei societăţi cu grad foarte mare de socializare şi abundenţă.

Ce-i de făcut în acest caz?

Să conştientizăm, spun autorii, **viciile noastre, să ne opunem tentaţiilor şi dorinţelor ancestrale. Să ne opunem tendinţelor genetice inconştiente prin voinţă.**

Când vreo sirenă de pe stradă ne ademeneşte **să ne legăm ca Ulise de catarg,** de tocul uşii, să ne blocăm spermatozoizii şi să ne acoperim ochii. Iar când un cotlet sau o halbă de bere ne atrage, să ne legăm mâinile sau să ne sigilăm gura.

Coborând cu picioarele pe pământ, autorii mai sus amintiţi sunt nevoiţi să accepte concluzia că **viciile noastre sunt până la urmă o problemă de gândire, de opţiune, determinată de mediul social.**

Şi-atunci de ce atâta tărăboi cu gena infidelităţii prin mass-media? Pentru că **trebuie distrusă familia monogamă.**

Cel ce are ochi de văzut să vadă, **iar cel ce are creier de optat să opteze.**

Cauzele cancerului se află în creierul nostru.

Sentinţa căzu ca trăsnetul asupra sa.

Tocmai el, medicul oncolog care **tratase 31 000 cazuri de cancer,** este lovit de aceeaşi teribilă boală, **cancer la colon în stadiu avansat.**

De ce, de ce, s-a întrebat de 1000 de ori, **cu ce a greşit în această viaţă?** Era prea mult. Mai primise două lovituri teribile cu câteva luni înainte.

Fiul său Dirk în vârstă de 19 ani **fusese împuşcat din greşeală** de prinţul italian Victor Emmanuel de Savoia. **Agonizase între viaţă şi moarte 110 zile şi până la urmă muri în braţele sale.**

Soţia sa n-a rezistat şocului şi muri şi ea la scurt timp după eveniment.

Dr. Ryke Geerd Hammer era năucit. Toată Germania, cu suita de medici iluştri, nu-i putea alina suferinţa. Nu mai putea gândi, nu mai putea vorbi. Stadiul de legumă în care se afla e puţin spus, pentru că loviturile îl ţintiseră profund în inimă, în suflet.

Nu suferise de nicio boală în viaţa lui, dar, dintr-odată, după moartea fiului şi a soţiei, într-o lună, cancerul îl lovi necruţător. După ce se zvârcoli mai mult timp prin tenebrele depresiei, un firicel de lumină în acest iad al psihismului său, în sfârşit, se ivi.

Oare nu cumva acest ticălos de cancer a apărut datorită traumelor prin care a trecut?

Se târî „în viteză" la clinica pe care o conducea în München şi se apucă cu înfrigurare să investigheze sutele de fişe ale pacienţilor canceroşi, **să vadă dacă nu cumva boala lor a apărut datorită unor traume psihice din trecut.**

Extraordinar! Adevărul ascuns îi stătea acum limpede în faţă. În toate cazurile cancerul a apărut după o traumă teribilă trăită de pacienţi.

Bine, dar unde se găseşte amprenta organică a acestor traume? Pentru aceasta a trecut la analiza tomografică a creierului pacienţilor.

Extraordinar! Orice şoc emoţional lăsase o leziune pe creier, detectabilă de tomograf ca un set de cercuri concentrice. Această leziune, greu observabilă pe o anumită zonă pe creier, afectează funcţionarea organului corespunzător din corp ce este coordonat de acea zonă.

Deci concluzia trasă de dr. Hammer era **că boala apare datorită programului distorsionat al anumitor zone de pe creier. Tipurile de cancer se datorează zonelor diferite de pe scoarţă care sunt afectate.**

Acelaşi tip de şoc emoţional vizează aceeaşi zonă de pe creier, care la rândul ei va afecta organul corespunzător. Deci cancerul pe organe depinde şi de tipul de conflict, şoc emoţional înregistrat pe diferite zone ale scoarţei.

Dr. Hammer adună concluziile la care a ajuns după analiza a mii de cazuri şi le trimite Facultăţii de medicină din Tübingen spre omologare. El şi-a intitulat rezultatele cercetării sale sub denumirea de **„Noua Medicină Germană".**[42]

Dar, surpriză şi stupoare. Colegii săi de breaslă, **roşi de neobositul vierme al invidiei**, dau o sentinţă de-a dreptul absurdă. I se dă un ultimatum **de a nu intoxica medicina cu astfel de „inepţii periculoase".** Deşi rezultatele obţinute de el în vindecarea cancerului şi de alţi colegi după metoda sa erau evidente. 6000 de cazuri rezolvate din totalul de 6500.

El continuă aplicarea metodei sale şi, ca urmare, este dat afară din clinică şi i se ridică licenţa în 1986.

Bolnavii au auzit de rezultatele lui şi-l asaltează cu miile. Practică medicina ilegal, motiv pentru care este arestat în 1997 şi condamnat la 19 luni de închisoare. **El nu folosea în tratament citostaticele şi astfel dădea o lovitură mortală industriei farmaceutice.**

Se mută în Spania, dar este arestat şi aici pentru medicină ilegală şi este condamnat la 3 ani închisoare.

Pleacă din Spania în Norvegia în 2007, unde continuă tratamentul cancerului după metoda sa. Însă mâna lungă a ocultei mondiale

---

[42] Ryke G. Hammer, *Noua Medicină Germană,* Carte pdf. https/andrei. swisswordd.com/

îl târâie şi aici într-un proces răsunător, la care au participat mii de persoane vindecate de cancer de el. **Şi culmea este că 40 000 de norvegieni mor anual de cancer.**

Dar cum să dai Premiul Nobel unui ins care a descoperit o nouă metodă de vindecare a cancerului? Mai degrabă îl sugrumi pentru că interesul ocultei este scăderea populaţiei prin orice mijloace.

Ar fi interesant să aflăm în ce constă această metodă de vindecare a cancerului aplicată de dr. Hammer. Eşti de acord?

Cele 5 legi ale Noii Medicini Germane

Legea Nr. 1
Legea de fier a cancerului
Fiecare tip de cancer are drept cauză Sindromul DHS generat de un şoc emoţional puternic, grav şi dramatic, în viaţa pacientului.

Trăirea acestui conflict are loc pe trei niveluri psihic, creier, organic. Tipul de conflict determină leziuni în creier şi disfuncţionalităţi grave în organul corespunzător zonei afectate din creier.

Legea Nr. 2
Orice afecţiune generată de un conflict emoţional are evoluţie cu două faze. Prima este faza de conflict activ de îmbolnăvire, când apar tumori, slăbire, tulburări de somn, depresii şi faza a II-a de autovindecare când sistemul nervos este activat pentru regenerare şi remisiune.

Legea Nr. 3
Un anumit tip de conflict emoţional afectează un anumit nivel embrionar la nivelul creierului, care va avea ca urmare îmbolnăvirea unui anumit organ.

Exemplu: un şoc emoţional de tip panică, groază, anxietate va afecta plămânul în timp ce şocul trăit de mamă pentru copilul bolnav, sau divorţ va duce cu siguranţă la un cancer mamar.

Bolile cu cele două faze – îmbolnăvire, vindecare – sunt funcții biologice importante ce ne permit să depășim problemele cu care ne confruntăm în viață.

Legea nr. 4

În faza de auto-vindecare există o corespondență între organele aparținând unui nivel embrionar și microbii aparținând acestui nivel.

Microbii nu sunt numai elemente care provoacă îmbolnăvirea, ci din patogeni devin prin dezactivare apatogeni și sunt activați de creier pentru a participa la vindecare.

Legea Nr. 5

Boala nu este o eroare fără rost a naturii sau biologiei, **ci un program special creat de natură ca, pe parcursul evoluției, să permită organismelor să depășească situațiile negative excepționale din viață.** Prin acest dublu mecanism, îmbolnăvire, auto-vindecare, individul devine mai rezistent și supraviețuiește. Cei care nu trec peste conflictul emoțional dispar, sunt eliminați.

Care sunt **Principiile preconizate de Noua Medicină Germană.**

• Pacientul devine șeful absolut al tratamentului și procesului de auto-vindecare.

• Relația pacient-medic este total regândită în sensul de **revigorare psihologică a pacientului și monitorizare spre depășirea șocului emoțional.**

• Se vor folosi foarte puțin medicamentele de sinteză chimică și **se va pune accent pe medicația naturistă.**

• **Pacientul trebuie să conștientizeze cauza care a provocat conflictul emoțional, să o elimine din conștiință.**

• Se va schimba sistemul de alimentație, se va pune accent pe alimentație naturală.

• Se vor stabili împreună cu medicul strategia de comportament, de gândire pozitivă, respectiv consilierea psihologică.[42]

CAPITOLUL VI
LIMBAJUL LUI DUMNEZEU
DESCIFRAT

Cântau plângând – fibroza chistică era învinsă

Ce dramă poate fi mai mare pentru părinți când află că copilul lor este bolnav de fibroză chistică și că va muri până-n 10 ani?

Fibroza chistică, sau „boala celor 65 de trandafiri" cum mai este numită în engleză, **afectează mai ales copiii mici** și este transmisă pe cale genetică de părinți, care au o genă deteriorată la nivelul cromozomului 7.

Unul din 25 de europeni are gena CFTR deteriorată de mutații și transmite această boală urmașilor dacă și partenerul are același defect genetic.

Dar până a afla cauza acestei maladii, știți câte zile și nopți au căutat geneticienii prin genomul uman? **Peste 3600, adică mai mult de 10 ani după 1978.**

Coșmarul acestei boli și chinul căutării genei responsabile de maladie au învăluit și viața doctorului **Francis Collins** pe tot parcursul anilor '80.

El ajunsese la disperare și se simțea inutil ca medic pentru că toți pacienții săi mari sau mici erau secerați inevitabil de teribila maladie. Mâhnirea pentru aceste eșecuri repetate îl determinase **„să se**

revolte dramatic împotriva lui Dumnezeu" pentru „această nedreptate", dar îi alimenta şi îndârjirea în căutarea genei responsabile.

Dar cum să afli această genă printre cele 3 miliarde de secvenţe din genomul uman? Iată cum îşi descrie el coşmarul:

„Cercetătorii înaintau pe bâjbâite. Tot ce ştiam era că undeva, în cele 3 miliarde de seturi de litere ale codului ADN, cel puţin o literă era aşezată greşit... era ca şi cum ai căuta un bec ars aflat undeva la subsolul unei case aflate şi ea undeva în tot teritoriul SUA... Se impunea căutarea casă cu casă şi bec cu bec."[43]

Dar asta, spune mai departe autorul, **ar fi luat timp de căutare pentru 3 generaţii, adică peste 200 de ani.** Descurajarea şi depresia erau la ordinea zilei.

Atunci s-a recurs la o nouă metodă de căutare, a disperatului care ştie că n-are nicio şansă, **„metoda saltul cangurului",** adică renunţarea la căutarea târâş de melc şi sondarea unor grupuri de gene din loc în loc, adică pe ghicite. Presa jubila luând în râs metoda.

Dar, într-o noapte ploioasă de mai a anului 1989, inamicul atât de ascuns şi căutat a fost găsit . Norocul chior, **miracolul s-a produs.**

Gena CFTR era cauza atâtor decese premature în lume.

Doctorul Francis Collins, în ziua următoare, se urcă pe o claie cu fân, cu un ac de cusut în mână şi face o fotografie pe care o trimite presei batjocoritoare.

La întâlnirea ulterioară a miilor de cercetători în domeniul fibrozei chistice, **toţi participanţii, în emoţie, se îmbrăţişau şi cântau plângând.** Doctorul Collins cânta la chitară cu lacrimi pe obraz.

„Îndrăzneşte să visezi, să visezi, îndrăzneşte să visezi,
Căci toţi fraţii noştri şi toate surorile noastre vor respira liber."

---

[43] Francis Collins, *Limbajul lui Dumnezeu,* Ed. Curtea Veche, Bucureşti, 2011.

Căci uitasem să-ţi spun că fibroza chistică atacă şi căile respiratorii. Coşmarul luase sfârşit. Vai! Dar începea altul.

Citeşte mai departe.

Mai întâi l-a întrebat pe Dumnezeu

Ştia că este imposibil.

După coşmarul de 10 ani cu fibroza chistică i se cerea atunci, în 1992, să descifreze întreg genomul uman.

Watson, premiantul Nobel pentru catenele ADN, se împotmolise în proiect chiar dacă **avea ajutorul financiar al Congresului.** Iar atunci, în anul 1992, sorţii căzuseră pe el să preia **sarcina de Director al Proiectului Genomului Uman.**

Imposibil! Imposibil! îl chinuiau zilnic gândurile. Alte chinuri! Alt coşmar!

El, ateul Francis Collins, îl întreba în conştiinţă pe Dumnezeu, după ce-i muriseră în spital sute de pacienţi de fibroză chistică şi care l-au îngrozit ca muribunzi de-atâtea ori cu întrebarea fatidică *„Dumneata, doctore, în ce crezi?"*

Ei l-au determinat să-l caute pe Stăpânul Divin ca să-l întrebe în această situaţie ce să facă, neavând nicio şansă de izbândă.

Iată de ce **îşi calcă pe orgoliu într-o zi de noiembrie 1992 şi intră într-o capelă în Carolina de Nord** ca să-l întrebe, să-l roage, să-l implore pentru un răspuns, să accepte propunerea sau să o respingă.

Îl inundase plânsul în rugăciune şi se mira cum de a ajuns în această situaţie. Iată ce spune chiar el:

„Nu l-am auzit pe Dumnezeu niciodată vorbind... dar am simţit cum o linişte adâncă pune stăpânire pe mine şi un insistent DA în minte... aveam să accept oferta". [43]

Cum? Tocmai el care era într-o situaţie de adversitate cu Divinul pentru că „acesta" permisese o nenorocire cruntă, **un viol absurd**

asupra fiicei sale ce-o adusese în stare de demenţă 6 luni de zile prin spitalul psihiatric? Tocmai el să ceară ajutor divin?

Da, pentru că ştia de la C. S. Lewis, confesorul său titrat şi credincios, că Stăpânul Divin are alte căi de a-l atrage şi a-l înţelege. [44]

Genomul uman, misterul dezvăluit

Se înhămă la enorma povară.

Numai citirea literelor din bazele ADN **ar fi durat 31 de ani,** dar descifrarea logică a fiecărui segment **ar fi întrecut 100 de ani.**

A început munca şi **s-a lovit de piedici la tot pasul**; fricţiuni între grupuri, renunţarea unora, pretenţiile altora, orgolii nesatisfăcute, retragerea fondurilor de către Congres, pretenţiile unor societăţi private care cereau monopolul asupra genomului descifrat. Se confrunta cu imposibilul.

Antrenase în proiect 2000 de savanţi renumiţi, în 20 de centre de cercetare, în 6 ţări. S-a lucrat contra cronometru, **s-au descifrat 1000 de perechi de baze pe secundă.**

Cei din afara SUA au condiţionat accesul imediat la toate datele, indiferent ce echipă le obţinea, la fiecare 24 de ore, fără acordarea niciunui patent cuiva. **Societatea privată CELERA presa Congresul să-i acorde proiectul** rămas spre descifrare, pe finanţarea ei, cu drept privat de patentare. Dar s-a dovedit ulterior că era departe de a duce sarcina la bun sfârşit

Descifrarea limbajului ADN, pe care Collins îl numeşte „**Limbajul lui Dumnezeu**", a durat 15 ani. Collins, în calitate de manager, a fost campionul nopţilor albe, al stresului continuu. Dar, cum spune chiar el, ajunsese la **o „relaţie personală cu Dumnezeu".**

Din adversar a ajuns un admirator, un credincios şi chiar conversa uneori cu Marele Tăcut, cerându-i: „**N-o să mă laşi chiar acum,**

---

[44] C. S. Lewis, *The Problem of Pain. – Samizdat*, University Press Quebec, 2016.

mi-ai promis că mă ajuţi să-ţi descopăr instrucţiunile, limbajul. Pe urmă poţi să faci ce vrei cu mine!"

În 26 iunie 2000 el prezintă preşedintelui SUA prima schiţă a genomului.

În 15 aprilie 2003 toate obiectivele genomului erau îndeplinite: **descifrarea celor 25 000 de gene umane.**

Nu există conflict între ştiinţă şi religie

Unii savanţi au sărit în sus indignaţi, dezamăgiţi.

Cum e posibil aşa ceva? Dumnezeu îşi bate joc. A pus **la viermele inelat 950 de celule cu 25 000 de gene în fiecare, iar la om tot 25 000 de gene în cele un trilion de celule.** Ce să facă viermele cu atâtea gene, când nu-i ajung celulele pentru supravieţuire?

Secvenţele genei care codifică proteina sunt aceleaşi la şoarece, la câine, la cimpanzeu şi la om. Concluzia este ca o sentinţă: **tiparul genetic este acelaşi la toate vieţuitoarele.**

R. Dawkins, **„duşmanul personal al lui Dumnezeu"**, jubila în presă: *„Credinţa este marea scuză pentru a evita nevoia de a gândi... principalul viciu al fiecărei religii".*

Henry Morris îi dă replica: *„Minciuna evoluţiei a pus stăpânire pe gândirea modernă... când ştiinţa şi Biblia se află în divergenţă, atunci cu siguranţă ştiinţa i-a interpretat greşit datele".*

Concluzia din propria experienţă o adaugă Fr. Collins: *„ ...nu există niciun conflict între a fi om de ştiinţă viguros şi o persoană care crede într-un Dumnezeu care are legătură cu fiecare dintre noi".* [43]

Această legătură strânsă cu Dumnezeu l-a ajutat pe Collins să-i descifreze instrucţiunile, limbajul în ADN şi să deschidă calea eradicării unor boli cumplite ale omului, considerate acum incurabile.

La această victorie a cercetării ştiinţifice, Bill Clinton declara în 2007: *„Aceasta este fără îndoială cea mai importantă şi mai* *impresionantă hartă întocmită vreodată de omenire. Astăzi învățăm limba prin care Dumnezeu a creat viața. Suntem cu atât mai copleșiți de uimire și venerație în fața complexității și a minunii darului celui mai sfânt a lui Dumnezeu."*

În cărțile de istorie ale viitorului se va scrie. Un moment crucial pentru omenire: **în 2007 s-a descifrat genomul uman.**

Genomul uman – o structură extraterestră

Descifrarea genomului uman este saltul omenirii spre stele pentru că acest proces a deschis calea spre cunoașterea părinților primordiali.

Descoperirea este mai importantă decât cea a energiei atomice, căci prin ea poate fi rezolvată definitiv dilema viață sau moarte.

Însă, după descifrare, savanții au rămas din nou uimiți, s-au confruntat cu o altă mare enigmă.

O structură atât de complicată, care cuprinde sute de miliarde de procese și operații, **rezultă că este mai veche decât vârsta pământului și deci nu putea fi rezultatul evoluției, căci asta înseamnă milioane de mutații pe an în aceeași structură, ceea ce în natură este imposibil.**

Surprinderea cea mare a venit de la echipa savantului Sam Chang care constată că 97% din secvențele nou codate ale ADN-ului sunt de origine extraterestră. Din 3 miliarde de baze genomice numai 40% sunt codate în gene, rămânând o bună parte din genom drept ceea ce geneticienii numesc **„ADN-ul gunoi"**, aparent fără întrebuințare. E ca și cum unui individ, la cele două mâini utile i-a mai adăugat natura încă 20, dar fără întrebuințare. În evoluție este imposibil așa ceva.

Sam Chang atenționează lumea științifică: *„ceea ce se observă în ADN-ul uman este un program care constă în două versiuni, un cod mare și un cod bazal. Deci programul complet nu a fost scris de cineva de pe Pământ. Genele prin ele însele nu sunt suficiente pentru a explica evoluția pe Pământ."*

Genele, ca elemente de bază ale genomului, se găsesc la toate formele de viață de pe planetă, dar se observă că la om „doza" este mai mare ca la orice specie.

Drumul scurt al evoluției umane, creierul enorm al omului comparativ cu cel al altor viețuitoare, veriga lipsă în evoluția hominidelor, numărul diferit de cromozomi la om, dovedesc că ADN-ul modificat a fost „plantat de cineva" în celula umană.

La această concluzie a ajuns și Paul Davies, genetician la Universitatea Macquarie din Sidney, Australia, care susține că prezența extraterestră în Univers nu trebuie căutată cu telescoape ultrasofisticate pe bolta stelară, ci în acest „SITE BIOLOGIC" care este ADN-ul uman, modificat de „cineva".

În sprijinul său vine geneticianul Maxim Makukov de la Universitatea din Kazahstan, care afirmă: **„o civilizație extraterestră se face vinovată de plantarea vieții în mai multe locuri din Univers"**. El mai adaugă: „în spatele ADN-ului există un mesaj scris de specia care l-a creat. Când omul va ajunge la un nivel tehnologic și spiritual destul de avansat, va putea să-și citească mesajul despre originea sa".

Acest mesaj se transpune într-un cod care, odată fixat în ADN, va rămâne neschimbat la scară temporală sau cosmică și poate face saltul chiar prin „găuri negre sau găuri de vierme" în lumi paralele, fără să se altereze.

De la cine provine acest mesaj? De la Pleiadeeni, de la Siriusieni, de la Vegani? Și care este el?

„Bună dimineața copii pământeni! Vă iubim din trecut! Noi suntem părinții voștri! La revedere-n viitor!"

Oamenii himeră, mutanți printre noi.

Ziarul The Telegraph din 6 septembrie 2014 anunța: **„Himerele există. Himera este o creatură rezultată din combinarea mai multor specii"**.

În filmele SF, oamenii himeră sunt prezentaţi cu puteri supranaturale sau ca monştri sadici. Dar altfel se prezintă faptele reale.

Ca înfăţişare, **unii nu se deosebesc cu nimic de oamenii normali**, alţii au malformaţii exterioare şi sunt hidoşi la vedere.

În India, dacă un copil se naşte cu 4 braţe sau 3 picioare **este socotit un fiu a zeului Vişnu,** este venerat şi adorat de toţi muritorii de rând. În Europa, el ar constitui un exemplar de laborator.

Ce sunt deci oamenii himeră?

Sunt acei indivizi **care au în corpul lor două tipuri de ADN,** provenite de la fiinţe sau specii diferite.

În stadiu embrionar, două ovule fertilizate se pot uni în unul singur, iar viitorul individ va avea două tipuri de ADN. El nu ştie că este purtătorul a două ADN-uri diferite, până nu se descoperă acest fapt prin testul genetic.

Americanca Lydia Fairchild este un caz de notorietate în acest sens. **Ea dă în judecată pe al doilea soţ** în 2002 ca să-i plătească pensie alimentară pentru urmaşii rezultaţi din căsătorie.

Dar când avocatul apărării prezintă probele ADN, rezultă că Lydia nu este mama celor 2 copii. Rămâne stupefiată, aduce preotul şi jură pe Biblie că a născut copiii şi i-a crescut de mici.

Dar testul ADN nu minte, Este repetat şi se obţine acelaşi rezultat, **un ADN străin faţă de cel al copiilor.**

Ce s-a întâmplat de fapt?

În stadiu embrionar Lydia **„a înghiţit-o"** pe sora sa geamănă, iar celulele sorei au rămas şi s-au dezvoltat în continuare în organismul ei.[45]

Astăzi, misterul a fost dezlegat. **Oamenii himeră provin de la fuziunea a doi zigoţi diferiţi, de la două linii celulare cu genomuri diferite.** Se cunosc astăzi 50 de cazuri în lume, luate în evidenţă. Dar apariţia lor este cauzată şi de alte situaţii:

• grefe de celule

• transplant de organe

• transfuzii de sânge

---

[45]*Misterul oamenilor himeră,* www.efemeride.ro/.

• transplant de măduvă

• himerismul matern, când celulele fătului pătrund în sistemul sanguin al mamei.

De la şoarecele-privighetoare la omul-iepure

Cum putem recunoaşte oamenii himeră?

Pe unii în niciun fel privindu-i la exterior, doar după textul genetic. Pe alţii după unele particularităţi, ca de pildă ochi de culoare diferită, organe genitale duble, membre în plus, diferite alte malformaţii.

Himera era cunoscută în legendele antichităţii **ca o fiinţă bizară cu trunchi de leu şi trei capete diferite**, unul de şarpe, altul de ţap, iar al treilea de leu.

Laboratoarele genetice de astăzi se întrec între ele în producţia de himere, în numele unor ţeluri mai nobile decât Iadul.

Unii oamenii de ştiinţă, de la **Shanghai Second University** s-au apucat să realizeze **omul-iepure**. N-au vrut să rămână mai prejos de confraţii lor de peste apă, din Tokio, care au realizat **celebrul şoarece care ciripeşte ca o pasăre. Urikumi Uchimura, şeful echipei de geneticieni care au realizat o sută de şoareci ciripitori, a declarat că urmărea altceva să „obţină triluri articulate”.**

Când va fi ziua când ne vom entuziasma de şoarecele-privighetoare? Chinezii şi-au distrus embrionul, japonezii nu.

Şi, cum **prin laboratoarele genetice mai întâlnim şi savanţi himeră de tip Frankenstein,** aflaţi că pe unii nu i-a interesat gena EPAS-1 pe care o au numai tibetanii şi-i ajută să respire la înălţimi, ci au alte preocupări, de-a dreptul diabolice.

Cum să obţină omul-porc sau omul-cal?

Cei de la Universitatea Newcastle, în 2003, au pus Anglia în fierbere pentru că **au realizat hibridul om-vacă**. Nu pentru a mări producţia de lapte, au justificat ei în faţa opiniei publice, ci pentru a găsi leacul la boli incurabile şi a realiza celule STEM.

Scandalul de proporții a provocat reacția parlamentului, care a emis o lege prin care le-a permis producătorilor de monștri de la orice laborator **să-și păstreze „opera" doar 14 zile, apoi s-o distrugă.**

Să fim serioși, de respectarea unei astfel de prevederi se îndoiește și bunica mea răposata, dar nicidecum marile corporații genetice.

Drumul spre producția de oameni-himeră, produși în laborator, este deschis și **nu știm cu ce monstru scăpat din țarc ne vom întâlni mâine pe stradă.**

Și-atunci, le vom da dreptate celor de la **The Telegraph,** cotidian englez, care avertizau în 2016: **„Să nu ne mai mirăm dacă în viitor, continuând astfel de experiențe, vom fi martorii unor creaturi abominabile."** [46]

Dar îl aude cineva oare?

Epigenetica sau plata pentru păcatele părinților

A sosit și vremea când genetica ne determină să regretăm distracțiile prelungite din viața noastră.

O nouă știință apărută la orizontul cunoașterii dă mustrări de conștiință părinților și bunicilor, ba mai mult îi aduce într-o stare de îngrijorare permanentă.

Chiar și tinerii, **amatori de excese în distracții, au rămas buimăciți,** cu sticla de bere în suspans, la avertismentele noii științe.

Biologii și geneticienii care dormeau liniștiți, **știind că și codul genetic este blindat, că informația din el este fixată solid, odată pentru totdeauna,** s-au trezit panicați de dușul rece al acestei ramuri noi în cunoaștere.

Epigenetica, o știință adițională a geneticii, este noua provocare care **ne dezvăluie influența modului nostru de viață asupra genelor și deci asupra urmașilor.**

---

[46] *Oamenii animal au fost deja creați în laborator,* www.descoperă.ro/ 2016

Bruce H. Lipton, omul care a dărâmat supremaţia ADN-ului în genetică, scrie „o carte provocatoare, curajoasă şi vizionară" în acest sens **„care te face să nu mai fii victima genelor tale".**

„Biologia credinţei" – o numeşte el –, o lucrare care ne şochează şi ne dezvăluie cum **viciile, stresul, păcatele, gândurile, traumele, mâncarea, băuturile schimbă modul de funcţionare a genelor noastre şi îşi lasă amprenta asupra urmaşilor.**[47]

Biologii şi geneticienii au râs 50 de ani de Lamarck, care încerca să explice că girafa şi-a lungit gâtul datorită condiţiilor de mediu, iar acum au început să-i dea dreptate.

Este extraordinar să afli **în ce măsură urmaşii tăi poartă „urmele"** de la părinţi sau bunici, de la ceea ce-au mâncat, ce-au băut, de la faptele si necazurile lor, de la vorbele şi gândurile lor pozitive sau negative.

În ce se manifestă aceste amprente?

În modificări genetice care duc la boli de tot felul, diabet, autism, cancer, scleroză în plăci, malformaţii congenitale, dereglări psihice şi morfo-funcţionale.

Este tragic şi foarte dureros să afli că urmaşii tăi pot suferi de pe urma exceselor de orice fel de la părinţi, bunici sau străbunici, deoarece aceştia prin modul lor de viaţă distractiv şi-au activat sau dezactivat gene pe care le-au transmis urmaşilor.

Cum e posibil aşa ceva? Cu ce sunt vinovaţi urmaşii ca să sufere de pe urma „distracţiilor" bunilor şi străbunilor lor?

Iată ce răspunsuri ne dă Bruce Lipton prin noua ştiinţă în aceste cazuri: **ADN-ul nostru include componente adiţionale, molecule ataşate numite grupuri de metil CH3, care fac genele active sau inactive**. Ele se lipesc ca o bucată de scotch pe banda magnetică, împiedicând citirea ADN-ului. La acestea se adaugă **histonele,** mingi de proteine care au un rol foarte important în procesele ADN. Să nu uităm rolul proteinelor în modificările genetice, ne atenţionează Bruce Lipton în lucrările sale.

---

[47] Bruce H. Lipton, *Biologia credinţei,* Ed. For You, Bucureşti, 2011

Ele au fost aruncate de geneticieni precum a fost aruncat copilul odată cu baia în care a fost spălat. Aceasta a fost o mare greșeală în genetică.

Ești ceea ce părinții tăi au mâncat și băut

Este știut că mâncarea și băutura în exces, ba chiar și fumatul **pot schimba rolul componentelor genetice,** afectând funcționarea genelor.

Așadar dieta părinților poate afecta greutatea urmașilor. **Ești ceea ce mama ta și bunica ta au mâncat sau ceea ce tatăl tău sau bunicul tău au băut .**

Cine confirmă și probează aceste constatări?

Dr. Lars Bygren de la Institutul Karolinska din Stockholm publică în 1980 **un studiu asupra copiilor și nepoților proveniți de la 100 de familii** care au trecut alternativ prin perioade de foamete și perioade de abundență alimentară.

Acești urmași au suferit de tot felul de boli și **au trăit în medie cu 25 de ani mai puțin decât cei cu o viață echilibrată.**[48] Indicatorii epigenetici din modul nostru de viață ne influențează funcționarea genelor.

Dr. Bygren ne avertizează: „Aceste urme epigenetice sunt cele care transmit genelor tale să se închidă sau să se deschidă, să se exprime cu putere sau doar numai să șoptească. **Prin aceste urme epigenetice, factorii de mediu precum stresul, dieta, nutriția prenatală, își pot lăsa amprenta asupra generațiilor următoare".**

Michael S. Kobor de la Universitatea British Columbia din Canada descoperă în 2013 **că în familiile în care părinții sunt stresați sau au probleme în căsnicie, copiii de 3-4 ani suferă de diabet sau au probleme neuronale.**

---

[48] *Epigenetica sau modificările pe care le aduce stilul nostru de viață asupra ADN-ului, http://primele1000zile.ro/*

Două Universități, cea din Göteborg, Suedia, și Florida din SUA ajung în 2014 la aceeași concluzie. **Copiii rezultați din familii destrămate au genele responsabile de controlul emoțional** . Aceștia se comportă în societate impulsiv, au dereglări hormonale care duc sigur la boli nutriționale sau digestive.

În 2002, un grup de geneticieni din Londra publică concluziile unui studiu pe 1000 de locuitori din satul suedez Överkalix. Viața lor a fost marcată de lipsurile părinților și bunicilor care au trăit în foamete și sărăcie, iar acestea au influențat viața urmașilor în mod catastrofal: moarte prematură, maladii cardiovasculare, diabet etc.

Aceste amprente asupra urmașilor în noua știință poartă denumirea de **efectul epigenetic transgenerațional.** Adică factorii epigenetici, odată ce modifică funcționarea genelor, aceste modificări distructive se transmit asupra urmașilor.

Este interesant de știut care din cei doi zămislitori de vieți omenești, mama sau tatăl acumulează mai mulți indicatori epigenetici pentru odraslele lor.

Epigenetica răspunde: mama de 10 ori mai mult. Feriți mama de orice fel de excese în cele 270 de zile de sarcină, pentru că, prin ele, ea poate aduce mari traume în viața viitorului copil.

Află mai multe în continuare.

Mama – arhitectul principal al vieții copilului

Marea păcăleală pe care și-o provoacă viitorii părinți este aceea că în momentul în care află că partenera este gravidă, ei proclamă: **gata, jos tutunul, jos drogurile, jos bețiile.**

Ei nu-și dau seama că **până atunci au semănat destule modificări genetice în ADN-ul lor,** suficiente pentru a perturba viața viitorului urmaș, că s-au trezit prea târziu.

Cercetarea medicală și epigenetică a constatat că **20% din starea de sănătate a viitorului copil este dată de moștenirea** genetică, iar 80% este determinată de factorii de mediu care au acţionat asupra mamei în cele 270 de zile de sarcină şi 1000 de zile de din viaţa bebeluşului.

În perioada sarcinii, femeia este cu 30% mai sugestionabilă şi supusă impresiilor mediului decât în restul vieţii.

De aceea, dacă i se administrează o porţie de muzică rock heavy-metal, **veţi scădea sistemul imunitar al bebeluşului,** iar o oră de muzică relaxantă, să zicem de Rachmaninov, va determina bebeluşul să valseze prin burta mămicii.

O şoaptă la urechea mămicii sau un tunet vor produce reverberaţii prelungi şi asupra fătului.

Iubirea şi ura, traumele şi bucuriile, cearta şi armonia în cuplu, mâncarea şi băutura activează şi dezactivează gene, construiesc corpul şi starea de sănătate a viitorului cetăţean.

În acest sens, statisticile au constatat că **starurile şi fiţele,** cu care televiziunea ne dezonorează şi poluează în fiecare zi, **au şanse de deformare cu 20% mai mult a vieţii urmaşilor,** prin excesele vieţii lor, decât restul populaţiei. Starurile, ca „monştri sacri" printre oameni, **pot da naştere mai uşor unor monştri reali.**

Chiar procesul naşterii are consecinţe foarte mari asupra vieţii viitorului om. Căci altele sunt efectele unei naşteri naturale faţă de cele ale unei naşteri prin cezariană.

Efectele naşterii prin cezariană

Naşterea prin cezariană trebuie efectuată numai în cazuri de forţă majoră, când este în pericol una dintre cele două vieţi, sau mama este prea în vârstă. Ea nu poate fi decizia unui moft, de a rămâne suplă, când există şi posibilitatea naşterii naturale.

Ştiinţa medicală a constatat că naşterea prin cezariană are următoarele efecte asupra vieţii viitorului copil:

• afectează sistemul imunitar, ducând la apariția bolilor autoimune.

• dezactivează gene care reglementează glicemia și care duc în final la diabet.

• dezactivează gene reglatoare ale sistemului endocrin, cu consecințe dezagreabile în organism.

• determină ca organismul viitorului copil să devină supra-ponderal.

• bebelușii născuți prin cezariană se vor îmbolnăvi în proporție de 60% de astm. Exemplu: 3 milioane de canadieni născuți prin cezariană sunt bolnavi de astm.

• nașterea prin cezariană crește riscurile autismului și a anorexiilor mintale la viitorul copil.

• o naștere prin cezariană poate închide definitiv posibilitatea altor nașteri în viitor. [49]

România, după 1989, deține locul 3 în Europa la nașteri prin cezariană, cu un procent de 37%, față de cel de 24% cât este media pe continent. Cum vor arăta cei 37 % din viitorii cetățeni români e greu de spus, dar din aceste date tragem concluzia că mamele actuale au o răspundere uriașă și față de viitorul țării.

Cele 1000 de zile din viața copilului sunt ca și con-strucția unui templu. Se construiește organismul și în mod deosebit creierul; de aceea este foarte important „**ce fel de alimente-că-rămizi**" se folosesc la construcția acestui templu.

Căci este cunoscut faptul că un copil crescut în condiții naturale de mediu este mai sănătos decât unul crescut în puf.

Starea afectivă a părinților în primele 1000 de zile din viața copilului este **ca dilema război-pace,** influențează formarea profilului său psihic sănătos sau retardat. Acest fapt este confirmat și de experiențele savantului rus Vladimir Poponin.

El demonstrează cum **ADN-ul nostru se modifică la stările afective ale persoanei** sau ale celor din jur. **Gândurile de iubire dilată molecula de ADN, iar sentimentele de ură, gelozie,**

---

[49] *Afectează nașterea prin cezariană bebelușul?* www.qbebe.ro/.

invidie, blochează coduri de procesare în ADN, inclusiv în ADN-ul copiilor.

Aşadar stările afective, armonia sau dizarmonia din familie, pot da cetăţii un viitor cetăţean de valoare sau un viitor infractor. Ele vor influenţa în bine sau în rău starea de sănătate si profilul psihic al viitorului om, de la faza intrauterină până la adolescenţă.

E bine de ştiut mai ales de către cei tineri.

Ataşamentul puternic – sentimentul care ne distruge

Stăpânul unui câine moare într-un accident stupid de motocicletă pe autostradă. În momentul morţii, câinele, aflat acasă, simte moartea stăpânului şi începe să urle timp de două zile, **după care moare şi el.**

O femeie se agită în jurul soţului bolnav de cancer în ultimă fază, neştiind ce să mai facă ca să nu-l piardă. Dar, după 3 zile, inevitabilul se produce, iar ea cade dintr-odată într-o linişte şi pace adâncă, ca şi cum n-o mai interesa nimic de ce se întâmplă în jurul ei. **După 4 zile moare şi ea fără să aibă vreo cauză serioasă a decesului.**

Un proprietar îşi vinde automobilul pentru că **a avut cu el 4 accidente** şi, devenind „superstiţios", a vrut să scape prin vânzarea lui de ghinioane.

Noul proprietar are şi el un accident cu automobilul cumpărat şi, după spitalizare, îl vinde la preţ redus numai ca să scape de el. **Al treilea proprietar are un accident cu acelaşi automobil** şi-şi accidentează un prieten lăsându-l paralizat după spitalizare. Soţia ultimului dă automobilul la fiare vechi.

Emil Străinu, un cunoscut publicist român, ne descrie în lucrarea „**Statuia blestemată**"[50] decesele inexplicabile a 6 persoane care au venit în contact cu o statuetă ce a trecut pe la fiecare, o perioadă de timp, în calitate de proprietar.

---

[50] Emil Străinu, *Statuia blestemată*, Ed. Triumf, Bucureşti, 2013

În toate aceste cazuri avem de-a face cu sentimentul de ataşament puternic şi lucruri impregnate cu energii negative.

Ataşamentul este legarea energetică a sufletului de ceva sau de cineva şi deci crearea unei dependenţe prea puternice de acea întruchipare. Ataşamentul puternic de lucrurile pământeşti produce un imens rău celui ce se ataşează de acestea.

De ce anume se pot ataşa oamenii?

De bani, de avere, de femei, de bărbaţi, de plăceri sexuale, de animale, de obiecte, de locuri etc.

Dar Serghei Lazarev, terapeut rus, ne avertizează *„Ataşamentul faţă de plăceri înseamnă renunţare la iubirea de Dumnezeu şi deci distrugerea neintenţionată a vieţii noastre.”* Şi, cum plăcerile sunt efemere, ne trezim că viaţa noastră nu este susţinută de niciun principiu moral interior.

Acelaşi autor atenţionează: *„Toate lucrurile în numele cărora distrugem iubirea de Dumnezeu urmează să ne fie luate. O femeie care-şi iubeşte soţul mai mult decât pe Dumnezeu îl va pierde... De obicei bărbatul iubit de o femeie pentru banii acestuia va pierde tocmai ceea ce aceasta adoră la el sau chiar pe el.”* [51]

Ataşamentul faţă de bani va aduce în final la pierderea acestora, adică exact reacţia opusă.

Ataşamentul exagerat deformează structurile corpului energetic şi duce la îmbolnăvire. Pierderea unei fiinţe iubite generează dezechilibre în biocâmpul propriu, ruperea corzilor, încetarea dependenţei de celălalt. Lazarev: *„Dacă veţi începe să adoraţi pe cineva, acel om poate să moară.”* sau *„Ataşamentul exagerat faţă de cineva generează agresivitate pentru că nu-i mai permiţi decât mişcare în limitele concepute de tine.”*

Atâta timp cât suntem ataşaţi prea puternic de o persoană sau de un lucru, devenim sclavii acelei persoane sau acelui lucru.

---

[51] Serghei Lazarev, *Iubirea. Diagnosticarea karmei*, Ed. For You, Bucureşti, 2008

Un obiect de care ne ataşăm puternic **se impregnează cu energia propriului corp şi suflet.** Iar dacă energiile sunt malefice sau negative, va fi vai de noul proprietar care va intra în posesia lucrului respectiv. Aşa că atenţie mărită la lucrurile second hand primite din occident, căci nici prin gând nu vă trece cu ce „vicii” sunt impregnate.

CAPITOLUL VII
GÂNDUL ȘI UNIVERSUL

Gândul ca bumerang

Swami Șhivananda, marele înțelept indian, nu contenește să ne uimească. ***„Gândul este un bumerang perfect, el se întoarce întotdeauna la persoana care l-a emis...*** *Un gând concentrat cultivă o acțiune, o acțiune culege un obicei, cel ce cultivă un obicei culege un caracter, iar cel ce cultivă un caracter culege un destin... Mintea are putere de atracție. Omul își atrage continuu spre sine din universul vizibil sau invizibil gândurile și condițiile apropiate de ideile sale.* ***Având în gând mai multă dorință, veți atrage fără încetare, conștient sau inconștient, tot ceea ce corespunde calității voastre dominante de gândire”.***

Spre exemplu, dacă emitem gânduri de gelozie, răzbunare și ură vom primi înapoi reculul lor amplificat.

„Pentru că legea rezonanței arată că gândurile de același fel se atrag. Toți cei care rămân în preajma unor violenți vor prelua gândurile acestora, iar apoi vor emite gânduri asemănătoare... Un gând negativ este de 3 ori periculos” ne atenționează înțeleptul indian.

„În primul rând, el rănește pe emitent, *afectându-i corpul mintal, apoi i-l* ***rănește pe cel căruia îi este adresat.*** *Iar în al treilea rând* ***face rău întregii umanități,*** *prin vicierea atmosferei mentale. Gândurile de ură vă pun în postură de criminal, căci vor* *atrage gânduri de aceeaşi vibraţie amplificate. Cum gândul este rădăcina acţiunii, menţinerea persistentă a gândurilor de ură va conduce în timp la comiterea unor acţiuni criminale"*.

N-o spun eu, ci marele Shivananda.

Gândul ca arhitect al vieţii noastre

Pedagogia contemporană ne tot repetă sloganul că **omul este produsul mediului în care trăieşte.** Un preot este produsul educaţiei şi mediului monahal, un tâlhar este produsul sărăciei şi al grupului de semeni în care socializează, un drogat este produsul societăţii şi anturajului care-l alimentează cu „substanţa fericirii".

Dar, la o cercetare mai atentă, descoperim că **acestea sunt adevăruri parţiale,** deoarece calea aleasă de fiecare este rezultatul hotărârilor proprii, **a gândurilor care l-au animat,** iar numeroase exemple din viaţa socială contrazic sloganul de mai sus.

Mulţi oameni născuţi în mizerie s-au înălţat pe piedestaluri prin propria gândire şi muncă enormă.

Abraham Lincoln, din tăietor de lemne, ajunge preşedinte al SUA, Hitler, din vagabond vienez, a ajuns în fruntea statului nazist, Jack London, din vânzător de ziare, devine unul dintre cei mai mari scriitori ai lumii. Fii de cârpaci, cerşetori şi lustruitori de pantofi pe stradă au ajuns miliardari şi prim-miniştri. Cum a fost posibil acest lucru?

Swami Shivananda, marele înţelept indian, ne dă răspunsul la această problemă. **„*Omul nu este o fiinţă creată de mediu**. Prin gândurile sale, prin voinţă şi acţiunile sale, el schimbă mediul... La marea majoritate a oamenilor, gândul se află sub controlul corpului. **Părerea greşită că noi suntem corpul fizic este rădăcina tuturor relelor...** Corpul cu organele sale trebuie să fie controlate de gând. Corpul este lutul pe care mintea îl modelează. Realitatea este materia în care mintea lucrează şi creează. **Gândurile devin arhitectul destinului nostru.***"* [52]

---

[52] Swami Şivananda, *Puterea gândului* Ed. Deceneu, Bucureşti, 2012

La rândul său, Dumitru C-tin Dulcan, prestigiosul neurolog, explică *„Mintea noastră transformă universul cuantic invizibil prin procese de percepţie în Realitatea Concretă vizibilă. Aşadar universul pare a fi creaţia a două minţi, mintea divină şi mintea umană. Noi suntem co-creatori la univers prin spaţiul social. Prin gândire ne creăm destinul, iar destinul nostru este parte din universul social. O gândire activă ne înalţă pe scara socială".* [28]

Gândul emis prin vorbire influenţează mase de oameni, formează convingeri, supune pe cei fără voinţă, iar convingerile se transformă în acţiuni. **Gândurile de ură urlate prin voce la difuzoare şi microfoane au declanşat războaie şi revoluţii, iar gândurile blânde au salvat oameni de la moarte. Gândul alină ca un balsam sau loveşte ca un trăsnet. Gândul exprimat prin voce poate crea raiul sau iadul pe pământ.**

Gândurile noastre influenţează planeta şi universul

„Quo vadis Homo? Unde mergi omule?

Ne întreabă universul. Teribila fiinţă care este omul a început să înspăimânte Universul. Noi, oamenii, am devenit singura fiinţă care distruge propriul leagăn." Acesta este avertismentul pe care ni-l dă acelaşi însetat de adevăr[53], Dumitru C-tin Dulcan, în lucrarea „În căutarea sensului pierdut".

Autorul, care ne trezeşte din letargie, este convins şi vrea să ne convingă şi pe noi despre teribila forţă a gândului, nu numai ca arhitect al destinului nostru, dar şi ca forţă de modificare a câmpului planetar, a climei şi chiar a evoluţiei noastre ca specie.

„Tot ceea ce gândim, ceea ce suntem, se transmite întregii lumi cu care suntem interconectaţi. Conotaţia pozi-

---

[53] Dumitru Constantin Dulcan, *În căutarea sensului pierdut*, Ed. Eikon, Cluj-Napoca, 2008.

tivă sau negativă a gândurilor noastre va defini obligatoriu lumea în care trăim", adaugă mai departe autorul.

Şi are dreptate, pentru că prin gândire construim şi oraşe de paradis, dar şi bombe termonucleare.

„Ura ca emoţie distructivă otrăveşte întregul Univers... Două ţări care se războiesc sau doi vecini care se bat şi se ceartă îmbolnăvesc pe toţi cei care sunt implicaţi şi le distrug existenţa."

Cine nu crede acest adevăr îl invit să observe cu câtă ură a impregnat Hitler conştiinţa poporului german prin discursurile sale, ca să-l arunce apoi într-un război nimicitor.

„Tot ceea ce gândim, tot ceea ce rostim creează un efect de undă ce se propagă, afectând mase uriaşe de oameni de pe întreaga planetă."[53]

Adică **un discurs benefic sau malefic** ţinut la Moscova, Washington sau Bucureşti se propagă ca undă, în plan subtil, cuantic, pe întreaga planetă şi **influenţează conştiinţa a miliarde de oameni.** Chiar şi lichidele şi obiectele se impregnează cu informaţiile pe care le rostim cu o anumită intenţie. Apa la Bobotează se încarcă cu informaţiile rugăciunii rostite de preot şi devine sfinţită. Apa adună informaţii vindecătoare sau distructive.

Un obiect asupra căruia s-au făcut incantaţii se încarcă cu energiile conţinute de acestea şi va influenţa pe cel cu care va fi în contact.

Este interesant de ştiut ce adună oceanul planetar în prezent: reziduuri toxice, deşeuri, explozii atomice, substanţe chimice, radiaţii etc. Şi ne mai mirăm cum reacţionează apa planetei, planeta întreagă la gândurile şi faptele noastre.

„Toate vibraţiile noastre mintale malefice fac o reţea, o aură uriaşă în jurul Terrei, ca un strat izolator care afectează legăturile cu Universul. Energia negativă a celor 7 miliarde de oameni într-un singur câmp este un pericol fundamental pentru planetă", ne avertizează Serghei Lazarev, terapeutul rus.

„Planeta este bolnavă datorită gândurilor şi faptelor negative săvârşite de locuitorii ei. Umanitatea trebuie să asaneze şi să purifice locuinţa sa planetară. În caz contrar, omul va fi pedepsit de natură", ne avertizează acelaşi autor.[54]

Iată o concluzie şocantă. **Catastrofele naturale sunt deci o urmare a gândurilor şi faptelor negative săvârşite de colectivităţi de oameni.** Vremea este influenţată de populaţia unui oraş, a unei regiuni, a unei ţări prin emisiile mentale. Este interesantă legătura, dar cum o probăm?

Se pare că densitatea uraganelor, a cicloanelor, a cutremurelor din ultimii 20 de ani coincide cu starea de violenţă şi ură mentală a colectivităţilor din diferite locaţii. În zonele în care s-au declanşat conflicte armate s-au produs şi cutremure, inundaţii, uragane. **Răspunsurile catastrofale ale planetei, ca organism viu, sunt o consecinţă a agresivităţii mentale a umanităţii.** Această lecţie însă este greu de învăţat de către cei care domină planeta.

De aceea, parafrazându-l pe Dumitru C-tin Dulcan, *mulţumesc lui Dumnezeu că nu m-a făcut o frunză, o piatră sau un câine şi m-a făcut om şi, chiar dacă ştiinţa în ziua de astăzi şi-a pierdut minţile, cum spune Dean Rodin, mă voi strădui ca în nicio zi să nu apună soarele peste mânia mea, pentru sănătatea planetei.*

Universul născut din viaţă şi conştiinţă

Este incredibil!

Un vizionar curios îşi activează neuronii timp de 20 de ani prin fizica cuantică şi vine astăzi şi ne spune: *„Daţi-vă gunoiul afară din creier. Eliberaţi-vă de acest moloz care vă încătuşează. Rupeţi lanţurile ignoranţei voastre".*

Dar la ce se referă nonconformistul nostru?

---

[54] Serghei Lazarev, *Privire spre viitor, diagnosticarea karmei,* Ed. Stan Press, 2008.

Ne îndeamnă să renunţăm la tot ce ştim şi am învăţat până acum **despre viaţă, despre moarte, univers, timp, spaţiu, realitate**. Acestea sunt pur şi simplu informaţii false depozitate în creierul nostru, **„un imens depozit de gunoi" după care ne ghidăm şi acţionăm în fiecare zi.** Piatra de moară formată din teoriile fizicii clasice, ale psihologiei, astronomiei şi altor ştiinţe depozitate prin tomurile bibliotecilor şi universităţilor **ne imobilizează ca pe condamnaţi şi criminali.**

Mărturisesc că m-a făcut curios.

Vizionarul nostru bulversează lumea ştiinţei şi a cercetării cu o teorie uimitoare: **Teoria Biocentrismului** sau a **Totului în Tot**.

Viaţa ajunsă la stadiul de conştiinţă creează universul. Viaţa şi conştiinţa sunt vitale pentru existenţa universului. Universul în care trăim are drept cauză impulsul primordial, viaţa, sub orice formă s-ar prezenta aceasta. Viaţa si conştiinţa dau naştere şi microuniversurilor, dar şi macrouniversurilor. [55]

Aşadar, viaţa este cauza apariţiei universului şi nu efectul lui. Este fals să spui, ne îndrumă vizionarul nostru, **că universul a apărut mai întâi şi după miliarde de ani în el a apărut viaţa.**

Realitatea există numai dacă există şi un observator. În fizica cuantică se ştie că **o particulă îşi modifică comportamentul, când există asupra ei un observator.**

Tot astfel realitatea formată din obiectele din jur este un proces care necesită conştiinţa oamenilor în care ea se reflectă. Această realitate are un sens numai dacă este reflectată prin conştiinţă. **În această realitate facem ordine cu ajutorul timpului şi spaţiului, care de fapt sunt instrumente ale conştiinţei noastre. Nu există timp şi spaţiu pentru materia moartă,** pentru o piatră de exemplu, pentru că aceasta n-are conştiinţă.

Timpul şi spaţiul există numai pentru conştiinţă şi prin conştiinţă, ca şi realitatea care ne înconjoară.

---

[55] Robert Lanza, Bob Berman, *Biocentrismul*, Ed. Livingstone, Bucureşti, 2013.

Dr. Robert Lanza ne uimeşte, căci el este vizionarul care ne îndeamnă să ne curăţăm creierul de toate informaţiile false de până acum. Prezentăm mai departe raţionamentele sale:

„Tot ceea ce este observat depinde de cel care observă. Purtăm spaţiul şi timpul în noi precum broasca ţestoasă îşi poartă carapacea. Dăm culoare albastră cerului pentru că celulele noastre perceptive din ochi sunt astfel structurate tocmai pentru a deosebi această culoare. Dacă modificăm structura acestor celule, cerul va avea altă culoare."[55] Şi, prin analogie, vom spune că există o realitate în jurul nostru datorită modului de funcţionare a percepţiilor noastre.

Să modificăm procesele chimice din creier şi vom avea altă realitate, susţine domnul Lanza. Prin urmare realitatea este prezentă datorită modului de funcţionare a creierului şi a percepţiilor noastre. Ochiul unei muşte vede altfel realitatea faţă de cel al omului pentru că este altfel structurat. De acord, fapt constatat şi de biologii contemporani.

Posibile universuri create de conştiinţă

Să urmărim mai departe raţionamentele domnului R. Lanza:

„Dacă nu ar exista un observator, comportamentul particulelor subatomice care compun obiectele ar fi în stadiul de probabilitate. Ele devin realitate şi compun obiecte în momentul în care le privim şi devin informaţie pentru conştiinţă prin culoare, miros, dimensiuni. În concluzie, realitatea devine în momentul contactului cu conştiinţa. Fără acţiunea conştiinţei, materia este doar o formă nedefinită."[55]

Iată de ce universul în care trăim se datorează vieţii şi conştiinţei din interiorul său, chiar dacă el cuprinde şi corpuri astronomice considerate moarte, concluzionează domnul Lanza.

Mă vei întreba: cine poate accepta asemenea **„aberaţii"**, după ce avem alte explicaţii cunoscute la nivelul fizicii clasice. Dar să nu uităm că ele vin ca nişte concluzii certe de la nivelul fizicii cuantice, unde procesele sunt mai greu de înţeles.

Nu există univers şi nici materie fără o conştiinţă universală în ele. Ea este punctul zero, începutul şi sfârşitul, se află în spatele formelor grosiere ale materiei. Conştiinţa umană este o picătură din conştiinţa universală şi deci are posibilitatea creării de universuri. Altfel spus, noi avem o picătură de Dumnezeu în noi: **„Ceea ce numim realitate nu este decât un sistem de informaţii prelucrat cu instrumentele timpului şi spaţiului de conştiinţa noastră".** Sau, cum spune fizicianul Archibald Wheeler, *„Niciun fenomen nu este real în lipsa unui observator."*

Mai mult, fizica cuantică ne arată că o particulă aflată în stadiul de undă poate modifica oglinda ei, indiferent la ce distanţe, chiar şi astronomice, se află cea de-a doua.

„Aceasta înseamnă că orice acţiune umană poate determina prăbuşirea unor universuri posibile. Fiecare om determină prin acţiunile sale un posibil univers, un viitor. După moartea lui, universul creat va exista pentru prieteni şi ceilalţi oameni." **„Omul,** spune dr. Lanza, *este un păpuşar fantomă pentru alte lumi."*

Aşadar, **realitatea creată de conştiinţa unui om în prezent influenţează şi trecutul, dar şi viitorul,** folosind ca instrumente timpul, spaţiul, procesele perceptive şi raţiunea.

Cu alte cuvinte, dacă e să dăm un exemplu, Hitler şi Stalin, prin faptele şi conştiinţa lor, au creat un posibil viitor pentru Europa şi restul lumii – cel care l-a trăit omenirea din 1945 până astăzi. Dar putea fi altul dacă nu existau cei doi. În acest context mă gândesc la viitorul pe care l-au creat României faptele şi conştiinţa politicienilor din '90 încoace.

Situaţia economică şi socială a României de astăzi reflectă nivelul de gândire şi conştiinţă a celor care au condus-o până în prezent. Dezastrul economic este dezastrul conştiinţei conducătorilor. Victime ale poftelor materiale şi-au distrus sufletul pentru 1000 de ani ca să poată fi eliberat din blindajul averilor şi foloaselor rău agonisite.

Conştiinţa umană – un segment din conştiinţa cosmică

Dr. Kevin Nelson de la Universitatea din Kentucky pretinde că **a găsit explicaţia ştiinţifică a Tunelului de lumină prin care trece sufletul după moarte.** El pune fenomenul pe seama limitei conştiinţei umane. Când este vorba de un stop cardiac, se reduce drastic fluxul sanguin către creier, care nu mai poate fi alimentat cu oxigen, şi intră într-o stare de amorţire.

Conştiinţa dispare, iar retina ochiului nu mai percepe lumina decât foarte vag, ca printr-un tunel. Această lumină se poate datora unor obiecte luminate vag din exterior sau luminii produsă de mişcarea rapidă a ochilor.

Explicaţia scârţâie enervant, pentru că domnul Nelson se rezumă doar la conştiinţa datorată funcţionării creierului, dar uită desăvârşit de conştiinţa sufletului în afara corpului. I-am recomanda cartea domnului Constantin Dulcan „**Mintea de dincolo**”, ca să se lămurească. *„Nu creierul generează conştiinţa, aşa cum se crede la modul general, ci conştiinţa are în primire un creier de care se foloseşte de-a lungul vieţii.”*

„Se vorbeşte în prezent că la nivel cuantic există un câmp al conştiinţei, adică o inteligenţă continuă non-localizată, prezentă la nivelul întregului univers.”

„Întreg universul poartă amprenta unei minţi raţionale, a unui Gând Creator care-şi lasă amprenta la toate nivelurile sale de manifestare... Existenţa unei inteligenţe, a unei intenţii la începuturile lumii, dă gir ideii că Om şi Univers au aceeaşi sorginte spirituală. Istoria Omului şi a Universului este scrisă de aceeaşi mână, spiritualitatea fiind un atribut al psihicului uman şi al ordinii universale.” [28]

Iată că ştiinţa ni-l descoperă pe Dumnezeu ca arhitect al Universului, dar remarcăm că este total deosebit de Dumnezeul creştinismului.

„Dacă Dumnezeu există pentru a putea acţiona asupra noastră şi a Universului, trebuie să fie exprimat printr-o minte raţională de dimensiuni cosmice. Energia sa este de natură foarte subtilă, care se găseşte doar în câmpul cuantic." [28]

La rândul său, Roger Penrose, un renumit matematician contemporan, emite ipoteza unui **protomental cosmic arhetipal, adică existenţa unei conştiinţe cosmice din care conştiinţa umană este doar un segment.**

Când sufletul se desprinde de trup, are un anumit grad de evoluţie şi poartă în el toate informaţiile şi faptele acumulate în timpul vieţii, care-i determină un loc în ierarhia spirituală.

Poziţia ocupată în această ierarhie nu corespunde cu poziţia socială pe care a avut-o în timpul vieţii pe pământ. Sunt oameni cu spirit înalt, dar fără glorie şi funcţii pe pământ, dar şi **conducători de ţări care produc repulsie, datorată spiritului lor inferior.**

În acest sens, înţelepţii ortodoxiei ne spun că un spirit inferior, încărcat cu o zestre negativă, nu poate supravieţui într-o zonă încărcată de lumină, iubire şi dragoste unde pot locui numai spiritele superioare. Un spirit inferior este repartizat zonei corespunzătoare încărcăturii sale. Calitatea unui suflet depinde de modul în care a „promovat" la şcoala vieţii pe pământ. Informaţiile acumulate în anii de studii nu se pierd, ci sunt elemente esenţiale în ridicarea calităţii sale. De aceea, orice suflet îşi pregăteşte locaţia „de dincolo" prin faptele şi lecţiile învăţate la şcoala vieţii pe Pământ.

Nocebo – credinţa care ucide

Nocebo înseamnă a răni, a face rău, a dăuna.

Este opozantul lui **placebo,** procedeu terapeutic folosit în medicină care se bazează pe încrederea psihologică a pacientului în „medicamente" care, de fapt, n-au nicio acţiune activă în organism.

Nocebo este răul provocat psihologic, prin propriile gânduri, ţie însuţi. **Are în spate suspiciunea, ipohondria, neîncrederea, anxietatea, depresia, pesimismul care-l alimentează, până la declanşarea de boli**.

De cele mai multe ori **are cauze externe, o sugestie negativă**, o ştire, o informaţie panicardă, un gest ameninţător, toate cu reverberaţii de teamă în psihicul celui care le receptează. Este teama că ţi se va întâmpla răul şi, prin persistenţa gândului, el chiar se întâmplă.

De aceea este mai bine să nu ştii decât să ştii că se poate întâmpla deznodământul şi să stai cu frica în aşteptare.

În acest sens, un medic, un prieten, o rudă trebuie să fie foarte atenţi cum vorbesc pacientului, căci ei pot omorî oameni prin **Efectul Nocebo**. Cazurile clinice, cât şi cele din cotidian, sunt numeroase şi extraordinare.

Dr. Robert A. Hahn, renumit epidemiolog şi antropolog american, publică în 1993 un studiu privind **efectele pesimismului asupra sănătăţii personale a individului**. Mai precis, el răspunde la întrebarea: **La ce duce credinţa negativă în viaţa omului?**

El efectuează cercetarea asupra bolnavilor de cardiopatie ischemică şi ajunge la concluzia **că 5% din 26.000 de decese anuale în SUA s-au datorat Efectului Nocebo**, adică pacienţii şi-au provocat moartea prin gândurile negative despre boală. Cu cât pacienţii au fost mai lipsiţi de speranţă, cu atât moartea a venit –de 1,6 ori – mai repede.

Reacţia pacienţilor cu astm la Efectul Nocebo a fost uluitoare.

Mai întâi li s-a spus **că vor inhala dintr-o soluţie salină inertă**, iar după inhalare pacienţii n-au avut niciun simptom. Apoi li s-a dat spre inhalare aceeaşi soluţie, dar au fost minţiţi că soluţia are alergeni. Rezultat: **50% din pacienţi au declanşat crize de astm** de la „apa chioară".

Celor care au avut crize de astm li s-a dat aceeaşi soluţie spre inhalare (apă chioară), dar au fost minţiţi că este medicament activ. Crizele de astm au încetat. Iată cum se manifestă Efectul Nocebo în viaţa noastră.

Oameni sănătoşi devin bolnavi când sunt sugestionaţi, în urma propriilor aşteptări negative. **Credinţa prin Efectul Nocebo poate ucide.**

Pacienţii supuşi unor operaţii dificile, **care au crezut că nu vor supravieţui, au murit pe masa de operaţie.** Statisticile indică o proporţie de 70% decese dintre aceştia.

Cercetările făcute în 1993 asupra deceselor a 29.000 de chinezi americani au demonstrat că foarte mulţi dintre **ei au murit cu 4 ani mai repede prin Efectul Nocebo.** Adică cei născuţi într-un „an ghinionist" au avut credinţa că moartea planează asupra lor conform zodiacului chinezesc, faţă de cei care s-au născut în „ani norocoşi".

La Universitatea din California se face în 2006 următorul experiment: cei 34 de studenţi voluntari sunt informaţi că se vor studia efectele curentului electric asupra funcţionării creierului lor.

Dar au fost avertizaţi că vor avea dureri de cap serioase în urma experimentului. Li s-au ataşat electrozi pe scalp, dar nu s-a activat niciun moment curentul electric. La final, 23 din participanţi au acuzat grave dureri de cap, deşi prin creierul lor nu trecuse niciun electron din curentul electric.

Efectul Nocebo este prezent în viaţa noastră de zi cu zi. **Pe el se bazează „succesul vrăjitoarelor" sau a practicanţilor voodoo,** mai ales dacă aceştia îşi fac şi publicitate.

Iată de ce David Wainwright, sociolog la Universitatea Bath, ne avertizează în problema nocebo: *„În ultimii ani se observă o creştere a incidenţei afecţiunilor care nu au o cauză fizică, ci sunt generate de problemele subiective ale vieţii de zi cu zi, ce sunt percepute dintr-o perspectivă medicală.*

Atunci când ni se induce senzaţia că suntem expuşi unui risc, cu ocazia fiecărei interacţiuni ne simţim mai vulnerabili, iar experienţele fireşti sunt interpretate ca probleme de sănătate. Acest lucru are efect extrem de nociv asupra oamenilor." [56]

---

[56] *Efectul Nacebo – atunci când credinţa ne omoară,* www.descoperă.ro/ ştiinţă... 2012.

Dar cine ne induce senzaţii şi sugestii negative în fiecare zi pentru declanşarea Efectului Nocebo? Nu cumva mass-media cu instrumentul ei diabolic, televiziunea?

Efectul Nocebo prin televiziune

Efectul Nocebo este biletul de trimitere dat individului de mass-media spre spital sau cimitir.

Peste 60% din informaţiile emise prin tabloid sunt sugestii negative, care infectează conştiinţa telespectatorului cu WIFI-ul informaţional.

Dacă Efectul Placebo are urmări numai **în proporţie de 40%** asupra unei mulţimi, **Efectul Nocebo afectează 90% din aceasta**.

Aceasta este şi constatarea psihologului german dr. Michael Witthöft de la Universitatea Gutenberg din Mainz. El avertizează: *„mesajele din mass-media pot deteriora grav sănătatea publicului."*

Într-un experiment făcut pe 147 de persoane, el a constatat Efectul Nocebo asupra acestora pornind de la vizionarea unui documentar TV **despre efectele nocive ale telefonului mobil şi a semnalelor WIFI asupra populaţiei.** Grupul de experiment a fost fals informat că în timpul vizionării vor fi puternic expuşi la semnalele WIFI şi ale telefoanelor mobile, cu consecinţe neplăcute asupra stării de sănătate. Bineînţeles că în mod real nu s-a exercitat nicio influenţă asupra lor.

Rezultatul a fost că peste **60% din participanţi au manifestat simptome neplăcute** — leşinuri, dureri de cap, anxietate, pierderea echilibrului şi a concentrării. În lumea medicală efectul se explică prin aşa numita **hipersensibilitate magnetică.**

Însă cei de la Şcoala de Medicină de la Harvard, în frunte cu dr. Herbert Benson, sunt de altă părere, că există pe creier o zonă numită **cortexul insular, care intră rapid în stare de excitaţie la ştirile**

și sugestiile negative față de alt centru de pe scoarță responsabil de Efectul Placebo, care este mai lent excitabil.

Senzația de durere apare și prin alimentarea hipotalamusului cu **colecistokinină și secreția de ACTH** ce va antrena și activarea glandelor adrenale. Activarea **cortexului insular** prin știri ce provoacă frica va determina bolile de inimă și în final decesul.

Sugestionarea simultană a individului cu sugestii pozitive cu Efect Placebo și sugestii negative cu Efect Nocebo **va dovedi prioritatea Efectului Nocebo.**

Așa se explică Efectul Nocebo la medicamente destinate unui tratament oarecare, dar care au și reacții secundare, și **tocmai aceste reacții secundare își fac efectul în organism prin psihicul pacientului.** Inducerea psihologică a acestor efecte negative este evidentă.

Mass-media, în frunte cu demonul ei malefic, **televiziunea,** în goană după rating, **cultivă cu nonșalanță senzaționalul morbid.** Știrile despre crime, violuri, terorism, accidente, genocid, inundații, cutremure, sex deviant sunt la ordinea zilei. **Ele încarcă subconștientul colectiv cu informații nocive, iar consecința este Efectul Nocebo generator de boli și moarte.**

O dezbatere publică organizată de CNA în iulie 2016 privind efectele negative ale mass-mediei asupra tineretului și populației mature a dat următoarele concluzii:

• Creșterea ratei sinuciderilor în rândul copiilor și a tinerilor.

• Creșterea gradului de violență și agresivitate prin promovarea violenței prin tabloid.

• Sugestionare permanentă la consumul comercial prin reclame de proastă calitate.

• Prezentarea unor modele de incultură, prostie, decădere și corupție.

• Accentul pus pe sexualitate deviantă, pe pornografie și libertinaj extraconjugal.

• Combaterea consumului de droguri într-un context în care acesta este în creștere.

• 70% din copii sunt expuşi la producţiile porno iar consecinţele în comportamentul lor sunt foarte dăunătoare.

Iată de ce publicistul român de bun simţ, dr. Tudorel Nicolae, constată într-o lucrare publicată în 2006: *„Manipularea prin sugestii a individului se realizează făcând apel la emoţiile sale, la sentimentele de vinovăţie faţă de anumite situaţii, la dorinţele sale intime. Cunoscând toate acestea, manipulatorului TV îi vine foarte uşor să implanteze sugestii, fără ca persoana în cauză să conştientizeze acest lucru".*[57]

Cum ne ferim de otrava informaţională?

Dacă mai sunt oameni care nu ştiu **că televiziunea încarcă creierul mulţimilor cu informaţii nocive,** e bine s-o afle în al 12-lea ceas şi tot va fi un folos pentru ei. Cu ce fel de sugestii ne bombardează televiziunea zilnic se întreabă şi criminalistul Tudorel Nicolae, iar autorul răspunde: **cu sugestii ideatice, afective, comportamentale, traumatizante, comerciale, şocante, nocive.** Televiziunea ne îmbolnăveşte mintea şi trupul în mod sistematic în fiecare zi.

De aceea remarca premiantului Nobel dr. Bernard Lown, care spune: *„Cuvintele sunt cel mai important instrument pe care le are la dispoziţie un crainic TV. Ele reprezintă o sabie cu două tăişuri, pot vindeca, pot răni sau omorî",* este valabilă şi pentru mass-media de astăzi.

Şi cum această mass-media se află în subordinea unor grupuri oligarhice care n-au nicio tangenţă cu interesul public sau naţional, ea va determina în continuare deteriorarea stării de sănătate a populaţiei.

Ce-i de făcut în acest caz?

---

[57] Tudorel Nicolae, *Comunicarea organizaţională şi manajementul situaţiilor de criză,* Ed. Ministerului Administraţiei şi Internelor, Bucureşti, 2006.

Să fim conştienţi de efectele nocive, periculoase, male-fice ale mass- mediei şi să apelăm la psihologul din noi, sau cel de serviciu. Căci Efectul Nocebo poate fi anihilat prin propriile forţe. Iată câteva sfaturi date de psiholog.

• Să încetăm a mai urmări jurnalele de ştiri negative.

• Să evităm persoanele care gândesc pesimist, care se vaită mereu, care critică orice şi sunt nemulţumite de viaţă.

• Să folosim forţa sugestiei pozitive, ascultând CD uri, muzică relaxantă şi să participăm la activităţi de succes.

• Să părăsim locul de muncă provocator de nemulţumiri şi necazuri.

• Să ne aliem cu persoane optimiste, care gândesc pozitiv şi emană încredere.

• Să urmărim emisiuni educative (dacă mai sunt) plăcute, cu impact benefic asupra psihicului propriu.

• Să nu ne mai plângem de propriile slăbiciuni, lipsuri sau eşecuri, căci avem puterea de le învinge oricând.

În concluzie: **adio ştiri negative**, dacă televizorul vă provoacă indispoziţie atârnaţi-l de un copac, pe stradă, să se uite maidanezii la el, căci astfel doamna Brigitte Bardot se va bucura foarte mult.

Viaţa noastră sub tribunalul karmic

„Viaţa mea e un calvar cu acest beţiv care este soţul meu. Îl suport de 20 de ani, asta este soarta mea de care nu pot să scap."

Iată o lamentaţie reală luată din cotidian. O situaţie karmică în care autorii se distrug reciproc. El este primul vinovat care, iniţial, prin lipsa de stăpânire asupra sa, **a dat naştere exceselor alcoolice**. Acestea **au atras reproşurile din partea ei,** reproşuri care, cu timpul, în loc să frâneze excesele, le-au accentuat. Dialogul dintre ei s-a transformat în certuri şi violenţă.

Iată dar procesul karmic. **Prima cauză** – micile lui excese alcoolice, **efectul** – reproşurile din partea ei. **Reproşurile ei devin cauze** pentru noul lui comportament – mai mult consum de alcool. Aşadar, karma este o legătură dintre două situaţii, una fiind cauză, cealaltă efect, acestea schimbându-şi mereu locurile şi amplificând procesul.

Convingerile noastre provoacă un traseu karmic.

Convingerile materialiste vor fi suportul energetic pentru îmbogăţire şi lăcomie Problemele de suflet şi iubirea de Dumnezeu vor trece pe planul doi în viaţa subiectului. **Iubirea pentru parteneră va fi un mijloc adiacent pentru mărirea averii.** De cele mai multe ori o astfel de căsătorie nu va rezista.

Viaţa de familie a omului bogat este un eşec din mai multe căsătorii, adică o nefericire prelungă, ca de altfel şi a starurilor de cinema. Sute de exemple confirmă acest proces karmic.

Ataşamentul faţă de bani te transformă în victima lor. Obiectul dorinţei materialiste puternice devine distrugătorul subiectului.

Orice acţiune a noastră dă naştere unei reacţiuni. Un gest, un sentiment, o prejudecată au repercusiuni karmice. Dacă tatăl cere de la fiu sau fiică performanţe fără să-şi manifeste dragostea părintească, va culege aceeaşi răceală de la copii.

Gelozia ca sentiment înseamnă un ego şi un orgoliu exagerat. Ea duce la posesiune şi limitarea libertăţii celuilalt, iar efectul este pierderea posesiunii sau moartea posesorului.

Iubirea exagerată a unui copil însemnă sufocarea libertăţii lui de acţiune Astfel tai aripile porumbelului şi-l condamni să rămână la sol. **Gândurile negative ale unei populaţii asupra conducătorilor vor determina comportamentul haotic şi iraţional al acestora în luarea deciziilor greşite pentru aceasta.** Cel mai concludent exemplu este cel al României după 1989. Mass-media, în spatele căreia s-au aflat oameni cu mintea bolnavă, a distrus într-un sfert de secol conştiinţa lucidă a neamului românesc. Consecinţa, un popor fără speranţă, apatic şi fără ţel.

Cultivarea sistematică a urii față de comunism, o etapă care nu poate fi ștearsă din istorie, **va duce inevitabil,** conform reacțiunilor karmice, **la dispariția capitalismului barbar**. Comunismul a murit, iar capitalismul plin de ură și criză morală își pregătește meticulos pieirea. Legea karmică acționează implacabil.

CAPITOLUL VIII
MISTERE ȘI COINCIDENȚE STRANII

Doctor și misionar printre gloanțe și moarte

Faptele și cazurile descrise de el întrec extraordinarul. Nu pot fi explicate de rațiune și știință pentru că nu pot fi încadrate în cauzalitatea naturală sau socială.

Chiar misiunea și viața lui s-au desfășurat sub amprenta misterului, căci a avut parte de situații de necrezut (întâlniri cu Isus).

Kenneth McAll a fost cu adevărat un destin de excepție. De profesie medic psihiatru și preot misionar în același timp, și-a dedicat toată viața salvării și vindecării bolnavilor fără recompense bănești.

Valurile vieții „l-au zvârlit" din Europa tocmai în China, după ce terminase studiile universitare; dar nu într-o misiune pașnică, ci tocmai în mijlocul războiului chino-japonez din anii 1937-1945, când viețile oamenilor au fost secerate cu sutele de mii.

Pornind în misiune creștină prin satele chinezești, **gloanțele l-au urmărit tot timpul** și de la chinezi și de la bandiți și de la japonezi, **astfel că viața lui s-a desfășurat 3 ani numai sub tiruri de mitralieră.**

Este prins de japonezi, băgat în lagăr și condamnat la moarte cu acuzația de spionaj. Scapă printr-o minune, comandantul lagărului o ia razna cu mintea și este chemat prizonierul Kenneth McAll ca să rezolve boala. Iar dacă nu va reuși, va fi dus direct la plutonul de execuție.

Dar medicul psihiatru are succes, îl vindecă pe șeful lagărului, i se anulează pedeapsa cu moartea, dar rămâne 4 ani în lagăr, unde va trata mii de bolnavi.

După terminarea războiului, rămâne tot în China, își exercită profesia în continuare, dar tot într-o continuă nesiguranță, pândit de moarte la tot pasul.

În misiunea și profesia sa **el întâlnește extraordinarul**, adică fapte și experiențe pe care le descrie într-o carte care a făcut vâlvă în lume **„Vindecarea arborelui genealogic”.**[58] Controversată și acceptată în același timp, cartea impresionează și șochează prin conținutul și cazurile prezentate

Însăși părintele Galeriu, monahul renumit în ortodoxia românească, afirmă: *„Dr. Kenneth Mc.All, prin analizele și dezvăluirile uimitoare ale cărții, supune conștiința noastră la o meditație adâncă și la răspundere în fața lui Dumnezeu și a vieții... Cercetările și realizările sale scot la iveală tragice realități și soluții care unesc firesc și binefăcător experiența științifică actuală cu cea religioasă creștină dintotdeauna. ”*

Mai precis ce ne dezvăluie preotul și psihiatrul altruist?

Că numeroase boli organice și psihice se datorează la cei în viață unor fapte abominabile, unor păcate capitale săvârșite de părinți, bunici, rude, persoane în viață sau decedate, persoane care fac parte din arborele genealogic al persoanei bolnave. O faptă odioasă precum crimă, avort, schingiuire, sinucidere etc. săvârșită de o persoană din neamul unui individ se repercutează asupra urmașilor din prezent sau viitor sub forma unor boli foarte grave. [58]

---

[58] Kenneth McAll, *Vindecarea arborelui genealogic,* Ed. Karisma, București, 1993

Strǎbuni şi rude care ne îmbolnǎvesc

Dr. Kenneth McAll trage aceastǎ concluzie dupǎ mii de cazuri parcurse, dupǎ ce constatǎ cǎ medicaţia şi procedeele recomandate de ştiinţa medicalǎ aplicate asupra unor bolnavi, mai ales celor care suferǎ de boli psihice, n-au niciun efect. Şi-atunci el îşi îndreaptǎ atenţia spre descoperirea cauzelor în trecutul pacientului, adicǎ în arborele genealogic al acestuia.

O crimǎ fǎcutǎ de cineva în trecut se repercuteazǎ în viitor, la urmaşii sǎi sau colateral, pânǎ la al 4-lea neam. O coincidenţǎ stranie cu ceea ce afirmǎ Biblia în aceastǎ privinţǎ.

Constatând cǎ ştiinţa medicalǎ nu-l poate ajuta în elucidarea a mii de cazuri, psihiatrul nostru trage concluzia cǎ **boala pacientului se datoreazǎ unei fapte odioase sǎvârşitǎ de cineva din arborele genealogic şi-atunci atenţia trebuie îndreptatǎ asupra persoanei decedate care a sǎvârşit fapta.**

Ca medic nu putea înţelege cum o faptǎ criminalǎ sǎvârşitǎ de un individ în trecut se repercuteazǎ printr-o boalǎ asupra unei persoane din prezent, rudǎ cu decedatul. Înseamnǎ cǎ **existǎ o legǎturǎ, un canal energetic la nivel cuantic, care alimenteazǎ din trecut, cu energie negativǎ, de la persoana vinovatǎ, membri ai familiei din prezent.**

Cele mai multe persoane bolnave erau dependente de amintiri puternice pǎstrate în memoria şi subconştientul lor despre rude, rudele malefice. *„O victimǎ a controlului ancestral poate sǎ se simtǎ ea însǎşi luatǎ în stǎpânire de cel din trecut sau de o voce care o conduce... Legarea celui viu de cei morţi, indiferent cǎ sunt strǎmoşi sau nu, sau nou-nǎscuţi nebotezaţi, avortaţi, nǎscuţi morţi de cei care au ocupat odinioarǎ un spaţiu acum ocupat de cei vii în viaţǎ, poate prezenta considerabile dificultǎţi de diagnostic.”*

„În momentul în care legǎtura a fost tǎiatǎ, indiferent cu cine a fost formatǎ sau cât a durat, vidul de posesie

trebuie transferat Domnului Isus pentru a-i permite să preia întreg controlul".

Deci soluția vindecării este **ruperea legăturii cu persoana malefică din trecut sau din prezent și aplicarea psihoterapiei sub forma rugăciunii și liturghiei ținute pentru persoana malefică.**

Terapia aplicată numai asupra bolnavului nu dădea rezultate **dacă nu era eradicat provocatorul bolii din trecut,** aflat într-o ramură a arborelui genealogic.

Pare de-a dreptul fantastic acest fapt, dar dr. Kenneth a rezolvat prin această soluție peste 1600 de cazuri. Destui psihiatri contemporani nu pot accepta amestecul procedeelor științifice în terapie cu acțiunea religioasă, considerată ineficientă și obtuză. Dar să prezentăm doar un caz din sute, luat din cartea psihiatrului și misionarului renumit.

Joan își acuză mama criminală

„Joan era o fetiță de 9 ani și a fost trimisă la mine de un coleg generalist. La vârsta de 5 ani, buna dispoziție a copilei s-a schimbat brusc, având un comportament irațional și prin urmare i s-a pus diagnosticul de epilepsie.

*Mama ei mi-a spus: când Joan intră în stare de criză, fața i se schimonosește și țipă minute în șir. Fac față acestor accese prin rugăciune, iar, după o zbatere mai mare, cedează brusc și vine în brațele mele. Dar apoi crizele iar se repetă. În timpul crizelor cade în inconștiență, alteori se repede în fața mașinilor pentru a fi accidentată. De aceea, am legat-o de multe ori în hamuri. **Cu tatăl se luptă cu o forță de bou și strigă la el „Te urăsc! Tu nu ești tatăl meu! De ce m-am născut"?***

Doctorii făcuseră tot ce se putea pentru a o ajuta, dar totul a fost în zadar. Am început să caut în arborele genealogic să descopăr vreun strămoș care cauzează această stare a fetei. N-am găsit nimic. Am chemat-o pe Joan în cabinet, am așezat-o pe genunchii mei și am întrebat-o câți frați și surori are. Răspunde: „am 3 frați și 3 surori". Dar mama intervine. „Ai 3 frați și două surori".

Joan se înfurie, sare de pe genunchii mei și țipă „Am 3 surori, nu două. O vezi pe femeia care stă acolo? arătând către mamă. *Este o criminală, a aruncat-o în closet pe sora mea. Eu o cunosc pe sora mea, o cheamă Melisa."*

Mama izbucnește în plâns. Mai târziu mama mi-a mărturisit că a făcut un avort. Am inițiat Sfânta Liturghie pentru copilul avortat. Comportamentul irațional a lui Joan a dispărut, copilul a început să se comporte normal, stările de criză epileptică au dispărut.

Am înregistrat peste 1600 de cazuri de vindecări directe *care s-au produs după oficierea Sf. Liturghii, paralel cu aplicarea de metode psihoterapeutice, pentru prunci avortați, sarcini pierdute sau copii născuți morți".[58]*

Eu nu mai am nimic de adăugat, dar îi rog pe medici să citească cartea Doctorului Kenneth McAll.

Când mamele devin morminte

„O să-i rup gâtul dacă e fată!" Așa s-a exprimat un părinte înainte de nașterea copilului său. Și chiar fată a fost. Este unul din cazurile relatate de Kenneth McAll în lucrarea amintită anterior.

Sentința a fost atât de puternică, încât mesajul s-a imprimat în structura organică a copilului, care, după naștere, a avut permanent serioase probleme de boală în zona gâtului. Psihiatrul ne lămurește: ***„Copilul nenăscut poate absorbi gândurile și sentimentele părinților la fel ca niște substanțe toxice. Dar el poate absorbi și rugăciunea și dragostea."***

Dr. J. Cowdy, de la un spital din Salisbury precizează, într-un studiu de specialitate din 2008, că un copil nenăscut are memorie de la 14 săptămâni. Traumele acumulate în timpul sarcinii se vor răsfrânge în viața copilului mai târziu.

Răsfrângerea actului de omor al copiilor avortaţi asupra urmaşilor este un fapt atât de şocant, încât ştiinţa încă nu-l poate explica şi nici accepta. Dar faptele vorbesc de la sine.

În 1998, Universitatea Loyola din Chicago publică un studiu cu informaţii uimitoare: **că, în peste 200 de cazuri de sinucidere, subiecţii încearcă actul în fiecare an în aceeaşi zi şi cu aceleaşi instrumente**.

Căutându-se cauza, se găseşte legătura cu copiii avortaţi, ucişi de subiecţii respectivi în timpul din urmă. **Este de necrezut cum copiii ucişi prin avort declanşează boli şi traume celor care le-au provocat moartea sau membrilor rămaşi în viaţă în familiile din care fac parte.** Asta în cazul în care pentru avortaţi nu s-a făcut nicio rugăciune pentru ruperea legăturii dintre morţi şi cei vii.

Dr. Kenneth Mc.All relatează: ***„Am făcut slujbe pentru mii de copii avortaţi sau născuţi morţi, dar s-au vindecat cei care aveau legătură cu ei, adică bolnavii care le provocaseră moartea, iar aceştia nici nu ştiau de slujbe, s-au vindecat chiar dacă slujba n-a fost făcută pentru ei. Am rupt astfel legătura energetică dintre cele două lumi."***

Acelaşi autor dă o explicaţie şocantă pentru fenomenele stranii din Triunghiul Bermudelor. El ne informează că fenomenele paranormale din Triunghiul Bermudelor se datorează milioanelor de sclavi africani care au fost aruncaţi peste bord în acest loc în timpul comerţului cu sclavi din sec 18 şi 19. Locul este însoţit de un vaiet permanent provenit de la cei trimişi în moarte prin înec.

Problema avortului în viaţa unui popor este una capitală, pentru că de ea depinde supravieţuirea sau dispariţia lui pe mapamond. În acest sens, situaţia neamului românesc este cum nu se poate mai catastrofală. Sub influenţa democraţiei occidentale erodate, în 1990 se legiferează în România libertatea avortului. Consecinţa – un milion de avorturi în 1990, iar din 1990 până în 2016, în cei 26 de ani „de democraţie" s-au înregistrat 15 milioane de copii avortaţi. Adică 3 avorturi de femeie la un copil născut. Locul unu în Europa, în această privinţă, a fost asigurat.

Când ieși în public și declari 35 de avorturi la activ, fii sigur că ai îmbolnăvit tot arborele genealogic, iar patul de la psihiatrie te așteaptă.

Hoții de energie, vampirii

Acum știu că ei sunt printre noi.

Și eu și tu putem fi victime oricând ale comportamentului lor. Dar trebuie să precizez că nu sunt de tipul celor descriși de Bram Stoker, băutori de sânge, ci sunt energetici, vampiri energetici.

Nu-i putem învinovăți, **s-au născut sau au devenit vampiri datorită unor condiții vitrege în familie sau în mediul social.** De cele mai multe ori nici ei nu-și dau seama că sunt vampiri, doar dacă le cade această carte în mână pentru a-și descoperi simptomele. Căci informația despre ei nu provine de la babe sau „sfătuitori" de pe internet, ci de la medici psihiatri de renume.

Judith Orlllof, psihiatru de la Universitatea UCLA din Los Angeles, a **avut de-a face cu ei și cu victimele lor în mii de cazuri.**

„Atunci când la o petrecere vorbești cu o persoană drăguță, dar dintr-odată simți cum greața pune stăpânire pe tine, trebuie să realizezi că un vampir energetic tocmai ți-a furat energia pozitivă și a înlocuit-o cu a lui, cea negativă."[59] *Așadar vampirul energetic „fură", conștient sau inconștient, energie de la cei din jur.*

Psihologul Karen Sherman ne informează că **cei mai mulți dintre ei suferă de afecțiuni psihice, că au o percepție eronată asupra lumii.** Ei nu pot sta singuri, trebuie să socializeze, adică să-și caute victime. Iată cum îi descrie Judith Orllof că pot fi împărțiți în două mari categorii – orgolioșii și prefăcuții –, iar în cele două clase se disting tipologii clare.

---

[59] Judith Orllof, *Energia pozitivă,* Ed. Paralela 45, București, 2008

Vorbărețul sau Moară Stricată este un izvor de logoree verbală, turuie numai pentru a atrage atenția, voce puternică, îți retează vorba, se străduiește să-l crezi, deși evocă numai banalități, își varsă otrăvurile pentru a te implica emoțional în trăirile lui, te încarcă negativ, te secătuiește.

Regele Dramei începe cu „știi ce mi s-a întâmplat" și își descarcă energia negativă în trăiri emoționale pe care ți le transferă, te pune în situația de salvator, dar nu primește sfaturile, dramele sunt încărcătura lui nocivă de care vrea să scape. După o întâlnire cu el te simți amețit, ai stare de leșin, te doare capul.

Agresivul, conflictualul trăiește din provocarea conflictelor, conflictul este starea lui de spirit, iar rezolvarea problemelor se face prin agresivitate. Este bogat în emoții pentru persoana agresată, o descoase, o pune în stare de opoziție cu el, provoacă stări de iritare, critică, bârfește, atacă, exprimă nemulțumirea acuzând victima, recalcitrant, cu stare psihică instabilă pe care o transmite interlocutorului.

Lamentosul sau victimizatul se vaită mereu, de orice, se complace în nenorociri, unele chiar închipuite; vrea compătimire, tremură, plânge frecvent, este pesimist, negativist, se scuză de neputința lui. Are o expresie facială de stârnit milă numai ca să-l iei în seamă, să-i dai ajutor, să intri în starea lui emoțională, ca să se facă transferul de energie. Dar după întâlnirea cu el te simți secătuit.

Anchetatorul sau acuzatorul nesfârșit pare un profesionist din justiție, dar de fapt aceasta este starea lui de a fi. Este mereu critic, nimic nu este bun pentru el, caută vinovați, are mereu izbucniri, reacționează exagerat, subminează moral interlocutorul, manipulator, agresiv verbal. De obicei așa se manifestă în familie, dar și în întâlnirile ocazionale conviețuirea cu el este un calvar pentru ceilalți membri.

În general, vampirul energetic are ca dominante egoismul exacerbat, starea psihică de nesiguranță, care se manifestă prin schimbări de dispoziție, prin pesimism, dezechilibru emoțional, lipsa iubirii în viața lor, traume psihice prelungite însoțite de crize.

Cum ne apărăm de vampirii energetici?

Psihologul rus Serghei Lazarev **găsește drept cauze ale vampirismului energetic lipsa de iubire pentru ceilalți, karma moștenită de la părinți și închiderea ceakrelor de comunicare cu Universul; adică el, agresorul, nu mai este în stare să se încarce cu energia de la Univers și-atunci caută persoane de care să se agațe.** [60]

Cum știm că stăm lângă un vampir energetic?

Prin starea de indispoziție care apare când stai lângă anumite persoane, chiar dacă nu comunici cu ele; prin stări de vlăguire pe care le simți, prin stări de oboseală, nervozitate, grețuri, amețeli, dureri de cap apărute din senin, somnolență, proastă dispoziție după un dialog cu el.

Ce trebuie făcut în astfel de situații?

Trebuie să știm să ne apărăm, dar cum?

Iată câteva metode recomandate de psihologi și psihiatri:

• Cel mai simplu leac este fuga, părăsirea locului de lângă persoana vampir;

• Dacă este un cunoscut, nu trebuie să ne implicăm emoțional în lamentările sau atacurile sale;

• Să evităm atacurile prin stăpânire de sine, prin zâmbet, prin atitudine dezarmantă;

• Să nu ne lăsăm antrenați în lamentările lui emoționale;

• Să conștientizăm că nu ne poate afecta, pentru că suntem o ființă de lumină, iar calmul și pacea noastră interioară nu pot fi distruse;

• Psihiatrii experimentați mai recomandă repetarea unor mantre, a unor afirmații pozitive, rugăciunea, ridicarea stării psihice la vibrații înalte, cultivarea gândirii pozitive, viață echilibrată.

Compătimirea pentru un vampir energetic este periculoasă, ne informează domnul Lazarev. *„Cu cât medicul dispune* *de spiritualitate, cu atât compasiunea lui pentru cel afectat îl distruge pe terapeut în interior și devine foarte periculoasă pentru sănătatea lui.*"[61] Și, mai departe, domnul Lazarev adaugă:

„Cauza vampirismului este egoismul exagerat manifestat în gânduri, emoții și fapte... Neînțelegerile dintr-un cuplu vin din tendința de a controla și domina pe celălalt. Când controlezi o altă persoană, îi iei energia, devii vampir energetic. Îți faci plinul pe socoteala altuia... Dacă doi parteneri abuzează fizic și emoțional unul de celălalt, atunci ei nu merită să mai viețuiască împreună...

Orice gând rău reprezintă un atac energetic, care aduce un prejudiciu omului către care este îndreptat. O agresivitate subconștientă față de cineva se transformă cu timpul într-un program de autodistrugere...

Supărările și tristețile noastre nu trebuie cărate acasă. Să nu ne transformăm spațiul de locuit într-o groapă de gunoi energetic. Dacă vă saturați spațiul în care locuiți cu supărări, spaime și violențe, e bine să iertați, anulând agresivitatea prin rugăciune...

E mai bine să plângeți decât să urâți Atunci când plângeți, agresivitatea din subconștient se distruge... Vampirul energetic, prin comportamentul său, își condamnă copiii la boli foarte grave, sau ei înșiși devin vampiri, ruinându-și de timpuriu sănătatea și spiritul."[62]

Coincidențele stranii

Gustav Jung, marele psihiatru de renume mondial, își descrie uimirea:

„În timp ce pacienta își povestea visul său repetabil cu scarabeul (cărăbuș), *eu stăteam cu spatele la fereastra închisă. Brusc am auzit în spate un zgomot ca un ciocănit discret. M-am întors și am văzut o insectă zburătoare, un scarabeu care se izbea de exteriorul geamului. Scarabeu în*

---

[61] Serghei Lazarev, *Diagnosticarea karmei*, Vol V., Ed. Dharana, București, 2011
[62] Serghei Lazarev, *Cauzele spirituale ale bolilor*, Ed. Dharana, București, 2012

toiul iernii, m-am întrebat în gând? Am deschis fereastra şi am prins creatura.

Era insecta cea mai asemănătoare cu scarabeul auriu din mitologia egipteană... După această întâmplare, pacienta mea s-a vindecat complet".[63]

Jung nu şi-a putut explica fenomenul, dar va numi în lucrările sale această coincidenţă **Sincronicitate.**

Cercetările pe care le-a făcut asupra coincidenţelor în viaţa sa **l-au dus la concluzia că ele sunt legate de subconştient**. Dar Wolfgang Pauli, savantul atomist, îl lămureşte că astfel de fenomene se explică prin fizica cuantică. Cauza şi efectul nu mai sunt prezente în astfel de situaţii.

Preşedinţii americani John Kennedy şi Abraham Lincoln sunt legaţi de coincidenţe ciudate.

Au fost aleşi la 100 de ani distanţă, Lincoln în 1860, iar Kennedy în 1960.

După ei au urmat preşedinţi cu numele Johnson. Andrew Johnson născut în 1808 şi Lindon Johnson născut în 1908, la 100 de ani distanţă.

Asasinii lor s-au născut la 100 de ani distanţă între ei, Wilkes Booth în 1839, iar Harvey Oswald în 1939.

Lincoln a avut o secretară cu numele de Kennedy, iar Kennedy o secretară cu numele de Lincoln.

Alte coincidenţe în istorie sunt uimitoare.

Hitler şi Napoleon au fost înfrânţi amândoi în Rusia.

Hitler a scăpat din 42 de atentate de moarte minuţios pregătite, iar Napoleon din 42 de pericole pe câmpul de luptă, deşi numeroşi cai au fost loviţi mortal sub el.

Napoleon s-a născut în 1760, iar Hitler la 129 de ani mai târziu, în 1889.

Napoleon a intrat în Viena în 1812, iar 129 de ani mai târziu Hitler intră şi el în Viena.

---

[63] Allan Combs, Mark Holland, *Sincronicitate,* Ed. Elena Francisc Publishing, Bucureşti, 2008, Chişinău, 1995

Napoleon ajunge la putere absolută în 1804, iar peste 129 de ani, Hitler, în 1933, în Germania.

Napoleon este înfrânt definitiv în 1816, iar peste 129 de ani, Hitler, în 1945. Rămâne constant numărul 129 în biografiile lor.

Se pare că „cineva", în coincidențe, asociază evenimente total hazardate pentru a se obține un eveniment de excepție.

De pildă un bărbat trece pe stradă și se uită curios în sus la ferestrele apartamentelor blocului pe lângă care trece. **Deodată, la etajul 5, un copil de 3 ani se apleacă pe fereastră și cade în gol. Bărbatul întinde instinctiv mâinile și-l prinde în brațe. Copilul este salvat de la moarte.**

Peste două luni, același bărbat se plimbă iar prin zonă. Același copil se apleacă peste pervaz și cade în gol. Bărbatul îl prinde iar în brațe, salvându-l a doua oară de la moarte.

Aceste întâmplări stranii l-au făcut pe Einstein să spună: *„Coincidența este felul în care Dumnezeu ne arată că vrea să rămână anonim."*

„De vorbă cu îngerii"

Există îngeri? Se poate vorbi cu ei?

Încă din copilărie **ni se inoculează ideea că fiecărui om la naștere i se repartizează unul-doi îngeri** spre ajutor și protecție pentru toată viața. În acest sens, la cele 7 miliarde de oameni ar corespunde 14 miliarde de îngeri. În acest fel totul pe planetă ar fi ok.

Dar cum se explică atunci cele 25 000 de războaie din istoria planetei și toate nenorocirile prin care trec milioane de oameni? Liberul arbitru al fiecăruia peste care îngerii nu trec ar fi răspunsul. Însă un maestru renumit în terapia cu îngeri ne dă și alte informații.

Problema se pune astfel: **dintr-o sută de oameni întrebați, câți au văzut sau au vorbit cu îngerii? Procentul este dezarmant, nici 1%.** Sau răspunsurile sunt evazive – „mi s-a părut că văd sau aud ceva".

De aceea am apelat în lămurirea problemei la cel mai renumit maestru care lucrează și conversează cu îngerii, care a scris până acum peste 20 de cărți despre îngeri. Terapeut, doctor psiholog, șef de spitale, profesor, vindecător renumit, femeia aceasta m-a incitat să-i citesc cărțile cu microscopul criticii și acul, să văd unde minte și cum poate lansa în lume informații incredibile.

Dar ea, pe nume **DOREEN VIRTUE, declară că informațiile le-a primit de la îngeri și că conversațiile cu ei sunt ceva banal. Că aproape toate cărțile scrise de ea sunt dictate de îngeri prin channelling.** Cărți de acest fel au mai scris și alții, dar au rămas pagini mucegăite pe rafturile bibliotecilor, neavând veridicitate practică.

Dar ea, Doreen Virtue, vindecă mii de oameni cu ajutorul îngerilor, iar metodele sunt descrise în cărțile sale. Iată cum își descrie apariția cărților.

„Procesul prin care am trecut pentru a scrie această carte (Mesaje de la îngerii tăi) era să mă așez în fața calculatorului, să respir adânc și să mă rog cerurilor să scrie prin intermediul meu... După rugăciune, mă focalizez pe o temă, pe o întrebare, și cer îngerilor să scrie acea secțiune prin intermediul meu. Este momentul când aud în urechea mea dreaptă o voce blândă, dar fermă, cu o tonalitate și o energie masculină.

Vocea îmi dictează cuvintele și mă corectează când aud vreun cuvânt greșit. Îmi spune când să scriu un cuvânt cu litere cursive și când să pun o expresie în ghilimele. Când întreb ceva „Ești sigur că aceasta-i formularea?” îmi spune „Da, las-o așa cum este” sau corectează cuvintele pe care le-am scris greșit.” [64]

Problema este că de multe ori scrie lucruri pe care nu le înțelege pe moment și cere explicații după scrierea textului. **Dacă vindecă bolnavi după indicațiile primite de la îngeri, trebuie să recunoaștem că acest fapt este un lucru extraordinar.** În lucrările

---

[64] Doreen Virtue, *Mesaje de la îngerii tăi,* Ed. Adevăr Divin, Brașov, 2010.

sale descrie sute de cazuri şi modul lor de rezolvare A devenit terapeut de renume mondial, dar vindecă cu ajutorul îngerilor.

Însă ceea ce m-a bulversat mai mult este declaraţia că şi noi putem face lucrul acesta, să vindecăm cu ajutorul îngerilor. Extraordinar. Cum Dumnezeu să putem face aşa ceva când nici 1% dintre noi nu aud şi nu văd îngeri?

Iată de ce mi-am ataşat microscoape la ochii minţii ca să aflu ce-i adevăr şi ce-i minciună în lucrările lui Doreen Virtue, când spune că şi noi, neştiutorii, putem intra în legătură cu îngerii şi să vindecăm cu ajutorul lor.

Semne ale prezenţei îngerilor

Mesajele primite de la îngeri de către Doreen Virtue sunt înălţătoare pentru oameni, optimiste, şocante, uimitoare, pline de încredere. Aflându-le, te simţi înălţat, învăluit în vibraţia protectoare a emisarilor cereşti. Redăm în continuare câteva:

„Tu eşti cel mai mare triumf a lui Dumnezeu.

Cerurile respiră adânc la vederea ta.

Aminteşte-ţi mereu că eşti de origine divină.

Prezenţa ta în lume este o necesitate, de a face fiinţe fericite prin acţiunile tale.

Originea ta divină motivează existenţa noastră a îngerilor.

Nu te teme de propria măreţie, nu-ţi mai mări mereu propriile blocaje.

Descoperă sentimentul dăruirii, dăruieşte şi vei primi însutit.

Nu există oameni răi, ci alegeri greşite.

Învăţarea prin suferinţă este o cale anevoioasă, dar nu obligatorie. Suferinţa este consecinţa egoului tău.

Ai la degetul cel mic puterea sferelor cereşti.

Noi îngerii îți pătrundem gândurile cu candoare, totuși nu-ți putem impune scopul nostru.”

Poftim? Mai citește odată „**Noi îngerii îți pătrundem gândurile...”**

Chiar asta voiam să știu. Cum se manifestă îngerii în viața noastră. Aflu răspunsurile și rămân uimit.

Semne luminoase de la îngeri

Apariții de flashuri în minte sau în fața ochilor.

Globuri luminoase pe fotografii, deasupra sau în jurul unor persoane.

Apariția unor scântei văzute în zecimi de secundă cu colțul ochiului.

Apariții de culori în spațiul atmosferic sau curcubeie.

Apariții de globuri luminoase în spațiul real.

Figuri umanoide formate din norii de pe cer.

Semne auditive de la îngeri

Un țiuit ascuțit, persistent în una din urechi.

O voce care-ți strigă numele când nimeni nu-i în jurul tău.

O muzică celestă care-ți sună în minte.

O șoaptă la ureche când nimeni nu-i în preajmă.

Un avertisment venit din eter când există un pericol de care nu-ți dai seama.

Auzirea unor voci cu mesaje în minte, dar total diferite față de cele la cei bolnavi psihic.

Un cântec care se repetă, dar auzit în împrejurări diferite.

Un mesaj vorbit în interiorul tău legat de grijile pe care le ai.

Auzi soneria sau telefonul personal, dar constați că nu-i nimeni.

Alte semne de la îngeri

O pană găsită într-un loc nefiresc.

Un sentiment de euforie care te cuprinde uneori, fără o motivaţie precisă.

Un gând, o idee-proiect, care se repetă şi persistă în mintea ta.

O viziune interioară care se repetă, apariţia în vis a unor îngeri cu aripi.

O coincidenţă de fapte şi împrejurări care-ţi rezolvă o problemă presantă, ca răspuns la rugăciuni.

Apariţia pe neaşteptate a unui miros de parfum, a unei arome, fără să existe izvorul fenomenului.

O rezolvare miraculoasă într-un eveniment sau accident personal.

Un număr care se repetă, care pentru tine are o semnificaţie deosebită.

Senzaţii de căldură, de atingere, de îmbrăţişare, când nu-i nimeni în jurul tău.

Un răspuns în minte la obiectul pe care-l cauţi. [65]

În concluzie, îngerii sunt entităţi energetice invizibile, care se pot materializa şi dematerializa, pot interveni în viaţa noastră la cerere, respectându-ne liberul-arbitru. Ei se manifestă în gândurile noastre, în sentimente, în viziuni, în clarvedere şi claraudiţie.

Apa ca mesager a lui Dumnezeu

„Am înţeles că există ceva care poate uni spaţiul dintre Om şi Dumnezeu. Cine ar putea face acest lucru? Răspunsul este APA. Eu sunt convins că apa este mediul care poate uni

---

[65] Doreen Virtue, *Semne de Sus*, Ed. Adevăr Divin, Braşov 2011

lumea divină cu rasa umană... Apa este mesagerul lui Dumnezeu, care uneşte această lume cu cea divină". [66]

Acestea sunt concluziile celui care a căutat răspunsuri timp de 30 de ani la întrebări fundamentale despre existenţă.

De unde venim?

Care este scopul meu în această viaţă?

Unde mergem după moarte?

Omul care a uimit lumea cu experienţele sale în domeniul apei, **Masaru Emoto,** ne informează că a primit răspunsurile de la apă. *„De-a lungul cercetărilor mele am fost călăuzit de apă... Apa conţine toate răspunsurile. Prin apă Dumnezeu transmite umanităţii energia sa benefică sub formă de vibraţii".* Cuvântul înseamnă vibraţie, apa înseamnă vibraţie; Dumnezeu se foloseşte de vibraţii pentru a crea viaţa. *„Dumnezeu se foloseşte de vibraţii pentru a crea lumile armonioase".*

Însă descoperirea cea mai importantă a dr. Emoto este aceea că apa înmagazinează informaţii prin cuvânt şi-şi schimbă structura. Celebrele cristale provenite de la apă îngheţată au provenit de la cuvintele **„IUBIRE ŞI RECUNOŞTINŢĂ".** Dr. Emoto a obţinut şi cristalul hidos, deformat, de la cuvântul „Hitler".

Cuvintele **IUBIRE şI RECUNOŞTINŢĂ** sunt cele prin care Dumnezeu a creat lumea *„Dumnezeu a creat acest design al IUBIRII ŞI RECUNOŞTINŢEI în interiorul apei".* Dumnezeu se află în interiorul nostru prin vibraţiile de IUBIRE ŞI RECUNOŞTINŢĂ din apa corpului nostru. *„Apa reprezintă Tatăl şi Mama noastră".* În felul acesta toate procesele chimice din corpul nostru se desfăşoară în acord cu voinţa lui Dumnezeu, în echilibru.

„Energia IUBIRII este energia divină emisivă, a dăruirii, în timp ce energia RECUNOŞTINŢEI este energia divină receptivă. Mesajul este evident, noi trebuie să ne oferim în permanenţă IUBIREA şi trebuie să primim totul cu RECUNOŞTINŢĂ. Personal, am convingerea fermă că atâta timp

---

[66] Masaru Emoto, *Mesaje de la apă şi de la univers,* Ed. Adevăr Divin, Braşov, 2012

cât apa din corpul nostru va reflecta armonia dintre aceste două concepte, noi ne vom păstra sănătatea şi frumuseţea".

Formula H_2O înseamnă iubire şi recunoştinţă

Aşadar apa, după dr. Emoto, conţine cele două energii secrete. Dar cum se reflectă acest fapt în formula apei H_2O?

„Oxigenul simbolizează IUBIREA, iar hidrogenul RECUNOŞTINŢA. Aşadar echilibrul perfect dintre IUBIRE şi RECUNOŞTINŢĂ este de 1:2 Vibraţia IUBIRII de la un individ atrage după sine vibraţia RECUNOŞTINŢEI de la cei din jurul celui care a emis IUBIREA. Astfel vibraţia RECUNOŞ-TINŢEI încarcă energetic pe cel de la care provine IUBIREA. Vedem deci că vibraţia RECUNOŞTINŢEI este dublă faţă de cea a IUBIRII.

Jumătate din această RECUNOŞTINŢĂ este returnată celui care a emis IUBIREA, iar cealaltă jumătate poate fi oferită altcuiva, celui de lângă tine, dar transformată de data aceasta în IUBIRE ca energie emisivă. Aşadar, prin împărtăşirea unei experienţe emoţionale intense, omul recunoscător devine emisiv de IUBIRE. În aceste condiţii raportul de 1:2 permite o reacţie în lanţ, care poate influenţa întreaga lume. Pentru aceasta este necesar ca raportul să fie permanent 1:2."

„Echilibrul dintre IUBIRE şi RECUNOŞTINŢĂ se re-flectă în construcţia feţei... Noi avem o gură şi două urechi. Gura singură este capabilă să comunice IUBIREA, dar pentru a recepta cu RECUNOŞTINŢĂ sunt necesare două urechi".

În continuare, dr. Emoto ne uimeşte cu informaţia că raportul de 1:2 între IUBIRE şi RECUNOŞTINŢĂ funcţionează în toată natura. Nu vom apela la exemplele sale, ci vom urmări explicaţiile sale legate de vindecare.

Acest raport de 1:2 permite *„protecția față de toate bolile din lume, poate restabili capacitatea noastră de autovindecare"* Recunosc că m-a făcut curios.

„Boala este rezultatul unei energii negative aflată în organism. Sentimentele pozitive ne pot proteja de orice boală. Importantă este starea de IUBIRE și RECUNOȘTINȚĂ pe care trebuie să ne-o inducem.

Când te trezești dimineața, spune-ți „Pentru a duce o viață plină de IUBIRE și RECUNOȘTINȚĂ, optez pentru a nu mă înfuria sub nicio formă astăzi, indiferent de motive". Cuvintele au putere și energie. Notează pe mai multe cartonașe cuvintele IUBIRE ȘI RECUNOȘTINȚĂ și plasează-le la vedere, acasă, pe birou. Scrie aceste cuvinte cu carioca pe o sticlă cu apă. Las-o 12 ore, apoi bea din ea, și, ori de câte ori bei, spune «MULȚUMESC!» și «TE IUBESC!» Vei observa efectele în 2 zile".

Pare o îndrumare interesantă, dar ce te faci când suferi de o boală cronică? Dar nu te costă nimic dacă o încerci ca metodă alternativă, pe lângă medicina alopată.

În final, dr. Masaru Emoto, care a ținut prelegeri și în România și în alte 70 de țări, ne sfătuiește cu următoarele principii:

„Să ne trăim viața cu IUBIRE și RECUNOȘTINȚĂ.

Să nu ne temem de moarte.

Dumnezeu există înăuntru nostru.

Noi, toți oamenii, suntem copiii lui Dumnezeu.

Universul ne transmite prin apă mesaje de la Dumnezeu."

CAPITOLUL IX
ARME SF PENTRU MOARTE ASIGURATĂ

De la bomba mamut la glonțul exacto

Cine crede că s-a terminat cursa înarmărilor între marile puteri se amăgește singur, maiestuos.

Ba din contra, această întrecere a intrat într-o fază în care noile arme întrec imaginația, intrând în categoria SF. **Gena războinică a Neanderthalilor involutis din fruntea corporațiilor și a coloșilor industriali este tot mai activă.**

Nefiind de ajuns cele 60 000 de focoase nucleare care pot face planeta în scrum în orice moment, **inteligența savanților adormiți** a fost transferată în noile tipuri de arme.

În acest sens, **publicația Business Insider din mai 2016** face public topul noilor arme din ultimii 15 ani.[67]

Și publicația începe prezentarea cu **BOMBA MAMUT de 14 tone,** care l-a căutat pe Saddam Hussein prin buncăre colosale în Războiul din Golf. Este inteligentă, căci este ghidată cu precizie și caută inamicul prin 20 de metri de beton. Ea caută și silozuri de rachete și orașe subterane și puncte de comandă de sub munți spre satisfacția morbidă a marilor galonați de la Pentagon.

---

[67] *Bombele, dronele și armele SF care au schimbat fața războiului în mileniul III,* www. ziarecom/2016.

Noile rachete de croazieră **KALIBR NK și RADUGA KH 101 și 102** au băgat NATO și Pentagonul în depresie. Americanii se credeau invincibili cu vestitele lor Tomahawk-uri, când rușii i-au trezit din euforie în războiul din Siria, 2016. Rachetele de croazieră **Kalibr NK au lovit ținte islamiste tocmai din Marea Caspică, iar Raduga KH au plecat de pe submarine aflate nu știm pe unde pe mări și oceane.**

Însă, ce i-a speriat mai tare pe gradații din NATO, **a fost tehnologia stealth la aceste rachete** și posibilitatea de a căra cu ele ogive nucleare.

Pe cazonii de la Pentagon însă, i-a înnebunit altceva: lansarea lor din bombardiere, raza de acțiune de 6000 de km, încărcătura nucleară și însușirea invizibilității. Jucării ale morții aveau și ei de tipul AGM-129 pe bombardiere, dar nu cu tehnologie stealth și cu o așa mare rază de acțiune. O astfel de unealtă a lui Satan poate pleca de la Celeabinsk fără să fie depistată și să lovească în Texas.

Rușii, speriați si ei de amenințarea NATO la granițe, și-au căptușit granița vestică cu zeci de baterii cu Rachete Kalibr NK și Raduga KH.

Viermele informatic STUXNET a transformat sistemul informatic al Iranului în șvaițer, întârziind programul nuclear al Teheranului cu doi ani. Același virus le-a dat bătaie de cap și chinezilor, însă aceștia l-au întors sub formă de Cal Troian în sistemul informatic american. Pe un câmp de luptă el este capabil să creeze Turnul Babel în rândul militarilor inamici.

Dar ce zici de **RAZELE DE CĂLDURĂ** care-ți ridică temperatura apei din organism spre punctul de fierbere. O astfel de rază este destul să cadă pe pielea de pe mâini sau față 2 minute, iar temperatura apei din organism se ridică spre 60-70 de grade. Simptomele simțite sunt indescriptibile, dar extrem de nocive. Adică organele subiectului pot fierbe în suc propriu.

Glonțul EXACTO te caută prin încăperi. Dacă o iei la fugă, el devine ogarul după iepure, adică se mișcă după țintă, o caută oriunde s-ar ascunde. Și o găsește și după colțuri de zid, schimbându-şi traiectoria. Inamicul superechipat, superînarmat nu mai are scăpare. [68]

Terminatorul rusesc în concurenţă cu raza morţii americană

Minele telefonice au scos din luptă peste 3500 de militari americani în conflictele din Irak şi Afganistan. Plasate pe căi de acces, şosele, drumuri, clădiri, magazine, obiecte, şi fiind inobservabile, pot fi declanşate prin telefonul mobil de la orice distanţă, iar proprietarul de telefon asistă doar la spectacol.

După ce le-a fost lovită ambasada din Damasc în 2015 de către rachetele islamiste, ruşii au hotărât să cureţe teritoriul de 50 de km pătraţi cu **TERMINATORUL, un blindat care descoperă în jurul său pe 360 de grade, pe o rază de 50 de km tot ce reprezintă ameninţare, tancuri, rachete antitanc, artilerie, transportoare, grupuri de soldaţi, mitraliere, tunuri, blindate, orice armă care a lansat un proiectil.**

Sistemul este draconic, căci înregistrează locul de unde s-a tras chiar şi un glonţ şi, în timp real, prin coordonate GPS, trimite spre cel care a tras cadoul răspuns, de anihilare, direct, sau prin avioanele de bombardament. Sistemul doar stă la pândă, ascuns, şi doar observă de unde se trage. Răspunsul este în câteva secunde, iar cel care a tras de undeva se condamnă singur la moarte. Islamiştii din Siria, după incidentul cu ambasada rusă, de oriunde au tras au primit răspunsul de anihilare.

BOMBELE DE PRĂJIT le deţin ambele puteri. Ele scot din funcţiune în câteva zeci de secunde toată aparatura electronică şi electrică a inamicului pe zeci şi sute de kilometri pătraţi. În momentul exploziei, în atmosferă, la o anumită înălţime, emit un flux concentrat

---

[68] *Programul de asasinare cu drone şi pericolul unei dictaturi,* https// www.wsws.Org/ro 2013.

de microunde care vor prăji sistemele electronice ale inamicului lăsându-l cu fiare nefolosibile.

RAZA MORȚII a fost experimentată prin Nevada, dar încă nefolosită pe câmpuri de luptă. Este o armă bazată pe microunde dirijate asupra forței vii, asupra unor grupuri de inamici, care pot fi și demonstranți. Fasciculul de unde, îndreptat asupra inamicului, îl scoate din luptă în 5 secunde căci îi paralizează sistemul nervos, iar mușchii nu-l mai ascultă Astfel, el poate fi cules sub formă de legumă de pe câmpul de luptă și apoi folosit ca forță de muncă.

În 2016, rușii au adus Iadul peste ISIS în Siria, cu **Dispozitivul SOARELE ARZĂTOR,** sistemul **TOS-1A,** un lansator de proiectile incendiare care arde la metru pătrat. Dacă americanii au folosit în 1945 2000 de avioane pentru a incendia Dresda, TOS-1A incendiază un oraș doar cu o singură salvă de 24 de rachete. De reținut că **o singură rachetă incendiază o suprafață de 200 de metri pătrați** și-atunci calculați ce pot face 24. Pericolul e multiplu nu numai pentru că transformă în frigare tot ce e viu, dar îi lasă fără oxigen și pe cei care scapă de arsuri. **Căci proiectilele atrag oxigenul din spațiul vidat prin ardere și creează vid deasupra unui oraș întreg.** Experții spun că dispozitivul este destinat pentru distrugere în fortificații din munți, din buncăre, grote, peșteri, zone fortificate în subsol și zone deschise la suprafață. Și islamiștii nu mint, în 2016 au văzut, într-adevăr, Iadul în Siria.

Raptor F-22 se înfruntă cu Suhoi T-50 pe cerul planetei

Avionul F-22 RAPTOR este considerat la ora actuală cel mai performant din lume, dar are un cost uriaș, 300 de milioane de dolari bucata. SUA a refuzat să-l exporte, ca să păstreze secretul tehnologiei.

La antrenamente, un RAPTOR se luptă cu 6 F-16 . Se pare însă că este întrecut în performanță de noul avion rusesc **SUHOI T-50.**

Raptorul american are în dotare 6 tipuri de arme, iar SUHOI T-50 are 14.

La manevrabilitate, SUHOI T-50 îl întrece pe RAPTOR și poate zbura în orice condiții meteo. De aceea rușii s-au trezit în 2016 cu o cerere la export de 2000 de bucăți, care nu poate fi onorată decât în 10 ani și cu un cost mult mai mic. Iată de ce americanii au trecut la o altă variantă – un RAPTOR F-35 de 150 de milioane, dar mai slab decât RAPTOR F-22, la care a fost încetată producția. Ambele avioane sunt invizibile, viteză de 2400 Km/h la RAPTOR și 2500 la SUHOI T-50. Însă puterea de foc a lui SUHOI este mai mare.

Dar rușii, cunoscându-l pe cel american, **au dorit să aibă un as în mânecă** și se pare că au reușit **la rază de acțiune, la cantitate și tipuri de armament și la manevrabilitate** Ambele puteri au urmărit să impună în aceste aparate precizie, agilitate, putere de foc, invizibilitate, viteză. N-au fost încă folosite pe niciun front de război, numai confruntarea va desemna câștigătorul.

Submarine și tancuri aduc moartea la perfecțiune

Două submarine americane vor să dețină supremația pe mări și oceane: submarinul **USS NORTH DAKOTA din CLASA VIRGINIA și USS JOHN WARNER.** Lăudăroșii de la Pentagon le-au declarat invizibile și nedetectabile, iar în privința armamentului sunt adevărate armate în mișcare.

USS NORTH DAKOTA, lotul Block III, pe lângă rachete nucleare a fost înzestrat cu 40 de rachete de croazieră, cu rachete anti-navă și torpile antisubmarin. Poate sta ascuns în apele oceanului la 487 m adâncime cu toți cei 130 de marinari care-l deservesc luni de zile, iar când o ia la fugă atinge 57 km pe oră. Însă costul lui este exorbitant, 2,4 miliarde dolari bucata, la care se adaugă 50 de milioane de dolari întreținerea anuală.

Numai că şi-a găsit naşul în submarinul rusesc **AKULA K335, cel mai mare submarin nuclear din lume şi altul din seria VARŞAVIANKA numit NOVOROSSIISK, ambele declarate nedetectabile.** Primul stă scufundat la 600 de m în apa oceanului, purtând cu el 20 de rachete balistice intercontinentale, iar al II-lea are mai multe rachete de croazieră decât cel american.

Ultimul a pândit o lună de zile, în 2015, lângă uşa din dos a coastei americane Golful Mexic, nefiind sesizat până când s-a dat prin sfidare singur de gol. Binenţeles că de aici a izbucnit scandalul între cele două puteri.

Tancurile ruseşti **T-14 ARMATA şi T-90 le provoacă la întrecere pe cele americane ABRAMS şi pe cele nemţeşti LEOPARD.** Un T-90 a lăsat Pentagonul cu gura căscată în războiul din Siria în 2016.

Islamiştii, trăgând în el cu armament antitanc american, au asistat la o scenă de magie. **Blindajul reactiv a ricoşat proiectilele,** iar Alioşa, speriat, a deschis turela şi a luat-o la fugă. Şi când te gândeşti că Rusia mai are încă 25000 de bucăţi din vremea lui Brejnev, pe care le poate folosi **ca scut derutant împotriva inamicului.** Vechiturile au fost vândute prin Irak şi Egipt ca ţinte pentru tragere pentru inamic.

Însă **T-90,** dotat cu tehnologie de ultimă oră, a aruncat duşul rece peste cazonii din NATO. Nu pentru că are cel mai precis tun din lume, care loveşte la 8 km şi alte numeroase tipuri de armament, dar **este multifuncţional, putând fi transformat rapid în aruncător de flăcări, în transportor blindat, în tun autopropulsat etc.** Iată de ce, după incidentul din Siria, s-au îngrămădit la porţile Moscovei 47 de ţări ca să-l cumpere.

Lista cu cele mai sofisticate arme la începutul mileniului III este imensă şi n-o putem continua din lipsă de spaţiu. Dar am dorit să-ţi faci o imagine despre câtă inteligenţă si resurse de toate felurile se cheltuiesc pentru uciderea omenirii. Dar nu pot înceta încă fără să te informez şi despre...

Drona asasină vânează din cer

Drona – **„invenţia de instaurat democraţie pe mapamond"** – a ajuns să dea efecte inverse si să arate nemernicia diferiţilor stăpâni pe planetă.

Dar ce este o dronă?

Un dispozitiv UAV, adică un vehicul fără pilot care se ridică în aer, în atmosferă, la diferite înălţimi, cu misiuni precise. El este dirijat de la sol prin GPS sau funcţionează autonom, conform programelor fixate în el.

Lumea începuse să fie uimită şi să se bucure de aplicaţiile civile ale acestui dispozitiv, până când au intervenit militarii care au dezlănţuit groaza prin folosirea lui. Ca instrument prin care visele devin realitate, el este folosit şi ca visele să devină coşmar.

Dronele militare au dezvăluit pe tot globul intenţiile belicoase ale stăpânilor, semănând moarte şi sânge în numeroase ţări. **În pânza de păianjen care înconjoară planeta formată din dronele diferitelor ţări, SUA şi-a adus contribuţia cu 8000 de bucăţi la nivelul anului 2017.** Ceilalţi concurenţi, precum Israel, China, Rusia, Franţa, Iran, Anglia, Japonia sunt în concurenţă cu SUA, încât putem spune că n-a mai rămas pe planetă niciun metru pătrat nesupravegheat.

Dronele militare transformă scenariile SF de groază în realitate.

Drona asasină, de provenienţă americană, **MQ-9 REAPER, caută inamici publici de la 20 de km din atmosferă.** Este atât de „răbdătoare", încât **poate sta 38 de ore în aer deasupra unei locaţii,** aşteptând ca vreun Bin Laden să iasă la plimbare pentru a fi luat în vizor. Este inteligentă, pentru că poate stoca în memorie fotografia şi trăsăturile oricărui inamic al Americii şi ia singură hotărârea de a-i trimite un glonţ în cap. Alteori **citeşte de la 20 de km din atmosferă, numărul de telefon al diferiţilor indivizi care se uită urât spre Casa Albă.**

Această dronă a exasperat guvernele din Afganistan, Siria şi Pakistan pentru că a asasinat în serie mai mulţi lideri importanţi din aceste state cu vederi antiamericane.

Pe această dronă **„este supărată"** şi ONU, care o acuză de încălcarea drepturilor omului. Însă, fără a se sinchisi de ONU, administraţia de la Casa Albă îşi însămânţează în continuare politica externă cu drone asasine pentru orice locaţie a lumii. **Latura asasinatelor în serie este noua culoare a acestei politici.**

Directorul CIA, maleficul John Brennan, în timpul administraţiei Obama s-a ocupat cu asasinarea adversarilor SUA cu ajutorul dronelor, devenind campion în domeniu. Numit de presă **„Ţarul asasinatelor"**, el a prezentat periodic preşedintelui lista de sânge a acelora care trebuiau eliminaţi, fie ei cetăţeni americani sau lideri de prin diferite ţări ca fosta Iugoslavie.

Deşi în Constituţia Americană „scrie democratic" că **„nimeni nu poate fi lipsit de viaţă... fără vreun proces"**, dronele CIA ucid silenţios în lume în numele acestei „democraţii de Neanderthal".

Între 2009 şi 2017, dronele „Made in SUA" au asasinat 1281 de indivizi „presupuşi terorişti" printre care s-au aflat copii, femei şi oameni paşnici. [68]

În Yemen, „dronele democratice" au ucis mai mulţi civili decât terorişti, iar scuza stârneşte râsul celor din scutece: „că robotul din aer a avut defecţiuni în programare şi n-a mai făcut distincţia între vinovaţi şi nevinovaţi." Aşa încât, **un operator de drone în armata SUA, dimineaţa este criminal de serviciu, raportând numărul de indivizi asasinaţi prin lume, iar după- amiază este „un părinte iubitor" în propria familie.** Numai că şi autorii morali şi executanţii de asasinate nu-şi dau seama că prin actele lor „şi-au asigurat" viitorul lor şi al copiilor la pedepse pe măsură, prin efect karmic.

Pe 1 noiembrie 2013, dronele SUA îl asasinează pe liderul taliban pakistanez Hakimullah Mehsud, declanşând astfel un val de răspunsuri teroriste împotriva lumii occidentale.

În mai 2016 este asasinat șeful talibanilor afgani Akhtar Mansour, chiar din ordinul dat de președintele Mubarak Obama.

În 13 iulie 2016, „dronele democratice" îl elimină pe Umar Naray, lider terorist care ucisese 132 de copii într-o școală din Pakistan.

Și lista poate continua, dar vrem să prezentăm astfel „modul democratic" în care SUA face ordine în lume, înlăturând prin glonț președinți de state și teroriști autentici.

Însă metoda a fost împrumutată și de alte state. Spre exemplu, Israelul, care și-a desfășurat programul său de drone pentru supravegherea și pedepsirea lumii arabe. Tel Avivul a folosit dronele sale contra Hezbollahului, contra Iranului, Siriei și Egiptului. A devenit liderul mondial nr. 1 în exportul de drone, 40% în 2016. Efectuează în 2017 mai multe zboruri cu drone decât cu piloți, iar rezultatul a fost peste 1200 de asasinate.

China folosește dronele pentru spionaj contra Japoniei și SUA, iar Rusia le-a folosit în conflictul din Siria în 2015-2016.

Industria dronelor militare a început să înghită sume uriașe, deși costul unei drone este mult mai mic decât costul altor tipuri de arme. Numai **în 2016, Pentagonul a cheltuit pe drone 5 miliarde de dolari.** Dar, având în vedere faptul că SUA vrea să țeasă rețeaua mondială cu încă 10 000 de drone după 2017, atunci te las să-ți imaginezi cât vor costa aceste instrumente ale morții în viitor.

În 2016, același Pentagon a scos la pensie Drona X47B înlocuind-o cu Drona UCLASS care-și ia zborul de pe portavion și staționează mai mult în aer. În viitor, conform Programului DARPA, aceasta va trebui să funcționeze pe bază de energie atomică și să stea nelimitat în aer.

Pe partea cealaltă a planetei, în **Rusia, este programată drona invizibilă care să staționeze luni de zile în atmosferă. China vrea să acopere cerul american cu dronele sale.**

Este de înțeles, în aceste condiții, că drona, ca instrument aflat în slujba omenirii, a deschis două porți – și pe cea a Edenului și pe cea a Infernului. Cu oameni războinici în fruntea statelor, mă tem că n-o să mai pot privi cerul înstelat noaptea, din cauza mulțimii dronelor și nici n-o să mai pot avea viață intimă fără să fiu supravegheat sau filmat.

De la „drona pompier" la „drona jurnalist"

În 2015 s-a desfășurat **Festivalul Dronei de Aur la New York,** prilej în care firmele producătoare de drone au uimit lumea.

În 2016 a avut loc **Festivalul filmării cu drone (NYCSEF),** iar Cisco Innovation Grand Challenge a organizat **concursul de drone,** la care au participat peste 5700 de concurenți din 150 de țări, în același an.

Dronele care cântă s-au întrecut cu cele de coregrafii teatrale, cu cele de proiectat lumini pe cer și chiar cu dronele de graffiti.

Aplicațiile dronelor în societatea civilă au transformat scenariile SF în realitate cotidiană. Fanteziile copiilor, dar și ale adulților, prind viață prin folosirea acestor instrumente controversate. Aceste „păsări zburătoare", atât de atacate de vulturi, au **început să îndeplinească atribuțiile unor funcționari publici.**

Drona polițist este mai eficace în misiune decât orice membru al poliției aflat la sol. Drona spion a CIA este mai eficientă decât agentul 007.

Societatea civilă **„a prins gustul dronelor".** De aceea ne propunem în continuare să prezentăm ce perspective uluitoare deschide folosirea dronelor în viața cotidiană.

• **La frontieră,** dronele sunt ochi vigilenți care observă și trecerea furnicilor peste demarcație. Ca „ochi vigilenți care privesc din cer", ele sunt extrem de eficiente pentru paza frontierelor.

• **În sistemul sanitar** sunt uneori chiar mai eficiente decât echipajele SMURD, căci nu numai că descoperă răniți în locuri inaccesibile, dar dau informații în timp real.

• UE folosește dronele **„ca inspectori agricoli"** pentru a verifica dacă fondurile financiare acordate sunt materializate în culturile propuse în programe.

• **Poliția** din unele state folosește drona pentru supravegherea unor orașe întregi, dar și pentru intervenții rapide acolo unde infractorii își fac de lucru. Numai în SUA sunt în dotarea poliției peste 5000 de drone la nivelul anului 1917.

• Dronele sunt folosite și în **sistemul meteo** pentru prevederea vremii, dar și pentru avertizarea populației despre taifunuri, uragane și alte calamități.

• **În zonele lovite de calamități,** dronele transmit informații în timp real și cu precizie.

• În domeniul privat dronele sunt folosite ca **paznici fideli**, în filmarea unor evenimente, supraveghere de locuințe și... de ce nu, supravegherea partenerilor conjugali când o iau pe arătură.

• Cei care iubesc natura folosesc dronele pentru **protecția mediului,** supravegherea apelor, a pădurilor și contra vânatului și pescuitului ilegal.

• **Pompierii** și-au găsit în drone aliatul cel mai bine informat pentru depistarea incendiilor și pentru intervenții rapide la locul accidentelor.

• Însă cea mai mare surpriză o oferă „**drona jurnalist**". Ea a început să fie utilizată de marile cotidiene pentru a transmite informații, filme, fotografii de la orice eveniment în momentul desfășurării lui. Astfel de drone au transmis informații de la războiul din Irak, din Iugoslavia, din Afganistan și Pakistan. Dar trebuie să precizez că și jurnalismul cu drone este restricționat tot mai mult de legislația statelor, ca de altfel întreg domeniul de activitate al dronelor civile.

Numai **dronele militare** se pare că nu intră sub jurisdicția civilă și au mai multă libertate de mișcare. Însă dronele militare au deschis iarăși Cutia Pandorei în relațiile dintre state și au ridicat pericolul războiului la cele mai mari cote.

Pentagonul făcut knockout

Pe data de 12 aprilie 2014, vasul de război **USS Donald Cook** se plimba nestingherit, încălcând legislaţia internaţională prin apele Mării Negre. **Înarmat „până-n dinţi", mai călca strâmb uneori şi prin apele teritoriale ale Federaţiei Ruse, iritând în repetate rânduri conducerea militară a acestei puteri.**

La bordul său erau gata de tragere 56 de rachete nucleare Tomahawk, 4 radare de ultimă generaţie, sisteme de detectare şi distrugere cu rachete Aegis şi alte arme sofisticate cu care Pentagonul îi place să sfideze pe mările şi oceanele lumii.

Moscova a tot atras atenţia NATO, prin ministrul său de externe Serghei Lavrov, că navele Pactului Atlantic încalcă Convenţia de la Montreaux care precizează că navele de război ale ţărilor non-riverane Mării Negre nu pot staţiona mai mult de 21 de zile în zonă. Dar navele americane s-au tot plimbat prin Marea Neagră, încălcând orice restricţie legislativă aflată în vigoare.

La această provocare intenţionată, **Ursul Siberian i-a tras o labă atât de zdravănă cowboyului american,** încât acesta este năucit şi în prezent. Mai precis ce a făcut?

A trimis pe 12 aprilie 2014 un Suhoi-24, un bombardier fără arme, spre distrugătorul cel obraznic. **Însă bombardierul avea la bord tehnologia ultrasecretă de război electronic numită Khibiny, aşa cum a declarat generalul rus Pavel Zolotarev după incident.**

În momentul când bombardierul rusesc s-a apropiat la 50 de km de distrugătorul american, **toate sistemele electronice ale vasului american au încetat să mai funcţioneze.** Tot echipajul militar era înnebunit să pună în funcţiune aparatura electronică, dar aceasta a rămas în continuare inertă.

SUHOI-24 s-a repezit în picaj deasupra vasului american o dată, de două ori, **dar mai precis de 12 ori.** Pisica rusească s-a jucat cu şoarecele american **o oră şi treizeci de minute.** Ai citit bine. Distrugătorul american devenise o bărcuţă liniştită, plutind în derivă prin apele Mării Negre. După ce s-a jucat suficient de mult cu şoricelul american, bombardierul rusesc l-a lăsat, în sfârşit, în pace.

Vasul america **„s-a târât"** cuminţel după acest incident în portul Constanţa, cu echipajul înnebunit. **24 de ofiţeri de la bord şi-au dat imediat demisia.** Pentagonul a rămas năucit şi a dat o declaraţie de râsul curcilor. Că a fost deosebit de deranjat de această lipsă de fair-play şi a caracterizat comportamentul rusesc **„ca provocator şi neprofesional, iar incidentul a demoralizat accentuat echipajul navei".** [69]

Ca să aplaneze ruşinea, a convocat imediat presa linge-pingele ca să acuze provocările belicoase ale Ursului Siberian.

Din acest incident, Pentagonul a înţeles că **Federaţia Rusă posedă o armă atât de perfecţionată, încât n-are ce să-i contrapună.** Un alt episod.

Pe 23 martie 2015, portavionul american **USS Theodore Roosevelt** îşi plimba armamentul ultrasofisticat şi pe cei 5 000 de militari din echipaj prin apele Mării Baltice, dar tot prin apropierea ţărmului rusesc. Pumnul Forte, de ultimă generaţie a marinei americane, de 2,6 miliarde de dolari, sfida iar Ursul Siberian, chiar la el acasă. Numai că în ziua de tristă amintire pentru Pentagon, portavionul faimos **„a fost făcut şah-mat"** în apele Mării Baltice.

Trei submarine ruseşti din Clasa Akula l-au flancat în triunghi şi i-au aplicat aceeaşi lecţie ca şi distrugătorului din Marea Neagră. Mai precis **au folosit Tehnologia MAGRAV şi l-au scos total din funcţiune.** N-au mai putut fi folosite nici avioanele şi nici elicopterele de pe el. **Tot ce era sistem electronic sau electric n-a mai funcţionat, inclusiv telefoane mobile, LCD-uri, baterii, staţii radio şi alte dispozitive electrice.**

În asemenea situaţie, portavionul **„a luat-o la fugă sub teroare"**, dar urmărit de cerberii ruseşti. După 3 ore de urmărire infernală, USS Theodore Roosevelt s-a oprit în apele Regatului Unit,

---

[69] *Armele higt tech americane blocate prin Tehnologia Keshe,* Jurnalul Bucureştiului, informaţii. ro/

spre uimirea autorităţilor şi a presei, care întreba insistent ce s-a întâmplat.

Răspunsul a venit de la ministrul rus al apărării că **„practic portavionul este scufundat"**, dar ruşii nu şi-au pus mintea cu el.

Acesta este răspunsul rusesc la provocările continue americane. Am ales doar două exemple, dar ele sunt mai multe şi am decis să nu umplu paginile cu episoade de acelaşi fel.

Noua doctrină militară rusească are ca elemente centrale surpriza, coordonarea unitară a acţiunilor, precizia, reacţia în viteză. Cercul de foc al NATO şi SUA, format din numeroase baze militare aflate la graniţa Rusiei, a determinat din partea acesteia o reînarmare rapidă şi răspunsuri şocante.

Dar este interesant să aflăm ce-i cu această tehnologie militară secretă a Federaţiei Ruse, care „dă şah-mat oricărui tip de armă folosită de adversari". Ard de nerăbdare să aflu.

„Portavioanele SUA vor deveni simple căzi plutitoare"

„Portavioanele SUA vor deveni simple căzi plutitoare dacă tehnologia noastră MAGRAV va fi utilizată în mod eficient, iar pistele pline de avioane de luptă F16, F18 şi aşa mai departe nu vor deveni decât muzee de păsări de fier, deoarece nu vor putea să zboare dacă sistemele lor electronice au fost atinse de tehnologia MAGRAV. Aceste avioane şi nave de luptă ar trebui să fie rebobinate de la A la Z înainte să mai poată funcţiona vreodată din nou."

Aceasta este declaraţia savantului iranian Mehran Keshe, autorul unor descoperiri şi tehnologii care au bulversat lumea ştiinţifică şi au îngrozit armatele marilor puteri.

Rusia a profitat de politica antiamericană a Iranului și a obținut de la Fundația Keshe această tehnologie care înspăimântă lumea.

În esență, descoperirea constă în **capacitatea de a produce și controla câmpuri magnetice și gravitaționale (MAG GRAV)** și realizarea reactoarelor plasmatice care dau capacitatea de levitație și mișcare ultrarapidă a vehiculelor și astronavelor.

Și, cum magnetismul și gravitația sunt constante ale Planetei și Universului, practic se poate avea acces la această energie inepuizabilă în mod gratuit. **Totodată tehnologia MAGRAV permite controlul absolut asupra oricăror tipuri de sisteme electronice și electrice, modificându-le după dorință.**

Doctor Keshe a pus la dispoziția unor state această tehnologie, cu condiția ca ea **să fie folosită pentru dezarmarea oricărui agresor statal de pe planetă.**

În acest sens s-a format **grupul de țări numit BRICS** (Brazilia, Rusia, Iran, China și Africa de Sud) care au avut prioritate și respectă principiile Fundației Keshe. Ulterior, au avut acces la această tehnologie și alte state precum Franța, Japonia, Polonia, Peru, cu aceeași condiție de a fi folosită în scopuri pașnice.

În România, un grup de entuziaști **au înființat Echipa Magrav România** care pune la dispoziție produse pentru sănătate după Tehnologia Magrav.

Această tehnologie interzisă de președintele Barack Ohama pe teritoriul SUA, sub motivul de a nu cădea în mâna teroriștilor, a făcut praf planurile americane de a transforma Iranul în al II-lea Irak.

Încă din 2006, Pentagonul pregătea minuțios invazia Iranului și tuna cu surle și trâmbițe în opinia publică internațională **„pedepsirea acestui centru al terorismului internațional".** Dar asta până în 2011, când teroarea publică americană **„s-a evaporat, iar Pentagonul a rămas fără glas".**

În luna decembrie a anului 2011, chiar pe data de 13 (numărul fatidic pentru SUA) **Iranul capturează de la înălțimea de 8 km cea mai performantă dronă spion americană,** „care-și făcea de lucru prin zonă". Postul TV Rusia Today anunță că iranienii „au fost ajutaţi în capturarea dronei „de către Federaţia Rusă cu Tehnologia AUTOBAZA, dar cu condiţia de a avea acces la tehnologia ei, pentru a fi reprodusă. Fapt care s-a şi întâmplat .

Mai întâi America neagă ştirea dată în capturarea dronei şi antrenează în minciună toată presa occidentală, care jubila cu sloganul **„Iranul minte de frică”.** Până când Agenţia de Ştiri Iraniană prezintă lumii un film de scurt metraj cu capturarea intactă a **„Bestiei de la Kandahar”,** cum a fost numită drona.

Reacţia Americii este de-a dreptul comică, preşedintele Obama cere oficial Iranului înapoierea dronei, cerere care bineînţeles că n-a fost acceptată.

După acest incident, intenţiile belicoase ale Pentagonului s-au evaporat, mai ales că a fost avertizat şi prin declaraţiile şocante ale unor oficiali militari iranieni care au precizat **„Dacă SUA va trimite rachete asupra ţării noastre, există riscul ca aceste rachete să fie întoarse asupra punctului de unde au pornit.”**

America tot încearcă marea cu degetul. **Pe 14 martie 2014, CIA a trimis o dronă spion deasupra Crimeii.** Astfel a dat posibilitatea ruşilor de a mai afla şi alte date din tehnologia americană, căci drona a „fost adusă cu tehnologia Magrav intactă la sol”.

Faţă de această tehnologie deţinută de Rusia, Casa Albă a căutat un răspuns. Să-l aflăm care este.

„Raza morţii” doboară avioane civile în Europa Occidentală

Răspunsul american la Tehnologia Magrav este **PROECTUL HELLADS,** care a încordat şi mai mult relaţiile dintre marile puteri şi a accentuat instabilitatea pe plan mondial.

Proiectul HELLADS se vrea descurajant pentru cei care deţin tehnologia secretă dată de Fundaţia Keshe. Prin ea, America, după declaraţiile date de Barack Obama îşi trimite în lume mesajul **„despre**

capacităţile militare ale Washingtonului". Adică să ia aminte adversarii că America are şi ea arme ultrasecrete şi ultraperformante.

În ce constă **Proiectul HELLADS?**

Este o armă laser foarte puternică de 150 de kW, care poate doborî orice ţintă aflată în aer sau la sol. Ea poate fi montată pe drone, pe avioane de vânătoare, submarine, tancuri etc.

În vara anului 2015, SUA şi NATO experimentează arma într-un exerciţiu militar deasupra Europei Occidentale. Însă exerciţiile de război desfăşurate pe deasupra statelor erau urmărite şi de Federaţia Rusă care-şi alertase forţele armate. Sistemul HELLADS trebuia să demonstreze că poate doborî orice tip de rachetă ICMB (rachetă balistică intercontinentală) ca venind din partea Rusiei, la intrare în atmosferă, deasupra Europei Occidentale. Rachetele inamicului trebuiau bruiate şi lovite de **„raza morţii",** acest laser redutabil aflat în dotarea lui US Air Force.

Numai că **acest joc de-a războiul deasupra Europei Occidentale a bulversat toată aviaţia civilă deasupra continentului.** Ba mai mult, a dus la prăbuşirea avionului companiei **Germanwings, un A 320,** cu toţi cei 150 de pasageri la bord în sudul Franţei. Aeronava s-a prăbuşit datorită **Sistemului HELLADS,** care a perturbat traficul aerian civil deasupra Europei.

Însă presa occidentală „a fost ameţită cu praf în ochi" cum că avionul s-a prăbuşit datorită copilotului, **care a intrat în depresie şi a hotărât să se sinucidă cu toţi cei 150 de pasageri la bord.** Ca minciuna să pară şi mai deocheată, s-a spus că acesta a blocat cabina avionului şi astfel nimeni n-a mai avut acces la comenzile aeronavei. O dezinformare publică atât de naivă, încât unele cotidiene au împroşcat autorităţile cu **„să vă fie ruşine că acum în loc de gogoşi vindeţi zepeline de săpun umflate".**

Adevărul a fost deconspirat de ministrul rus al apărării, care avea rapoarte de la toate centrele de supraveghere din Atlantic, cosmos, şi Europa despre acţiunile militare în acest exerciţiu.

Incidentul cu prăbuşirea aeronavei a fost însoţit de perturbarea traficului aerian datorat **Sistemului HELLADS,** în mai multe ţări europene. Controlorii de trafic aerian din Cehia, Germania, Anglia,

Slovacia, Austria s-au plâns de nenumărate ori că nu mai văd nimic pe radare. Un coordonator de trafic aerian din Slovacia declara atunci *„Dispariţia obiectelor de pe ecranele radarelor a fost consecinţa unui exerciţiu militar planificat, care a avut loc în diferite părţi ale Europei"*.

Însă, presa ipocrită, adoptând poziţia mutului, n-a suflat un cuvânt despre numeroase avarii provocate aviaţiei civile în ţările occidentale. Căci raza morţii însoţită de un bruiaj puternic antiradar, ne precizează ministrul rus al apărării, **produce modificări majore în atmosferă,** aşa cum au raportat militarii ruşi de pe submarinul Severomosk, aflat în misiune în Marea Mediterană.

Mai mult, ministrul rus al apărării dezminte şi minciuna blocării copilotului în carlingă, căci aceasta poate fi deblocată şi de la sol şi de către oricare dintre însoţitorii săi, fapt confirmat şi de reprezentanţii aviaţiei după aceea.

Deci Sistemul HELLADS, în loc să doboare un ICMB, „a doborât traficul aerian al Europei".

Laserul HELLADS, coborât din filmul Stars Wars, este o realitate. Pentagonul arată Rusiei ce poate face fără să se sinchisească de avertismentul lui John F. Kennedy: *„Omenirea trebuie să pună capăt războiului, altfel războiul va pune capăt omenirii".* [70]

---

[70] *Mai aproape de STARS WARS. Armata SUA a testat cu succes Raza Morţii,* www. curierulnaţional/ro.

CAPITOLUL X
NANOROBOTICA ÎNTRE VIAŢĂ ŞI NEMURIRE

Ziua în care oamenii vor deveni zei

Nu e departe ziua aceasta, ne informează **Ray Kurzweil**, expert în nanotehnologie la Massachusetts Institute of Technology din SUA.

Căci, în 2020, computerele vor egala puterea de procesare a creierului uman, **în 2029 computerul va trece Testul Turing,** în 2030 nanoroboţii se vor plimba prin creierul nostru, în 2040 organele corpului omenesc vor fi înlocuite cu dispozitive cibernetice, iar în 2045 planeta întreagă va fi ca un computer gigantic care va acapara universul.

Nici filmele SF nu pot egala scenariile descrise de **„geniul care n-are pauză"** sau **„măsura inteligenţei supreme",** cum îl numeşte presa pe Ray Kurzweil, specialistul de frunte al nanotehnologiei americane. Cărţile pe care le-a scris despre viitorul omului sunt **„provocatoare şi acaparatoare",** ne anunţă presa mondenă.

De pildă, în lucrarea **„Cum să construieşti o minte"** [71], autorul susţine că: *„nanoroboţii o să ne ajute să oprim procesul de îmbătrânire... În principiu, deteriorarea corpului uman poate fi reparată periodic".*

Cum, ne întrebăm noi?

Prin nanoroboții care vor fi introduși în corpul nostru, urmăriți pe monitor, puși să regenereze organele suferinde, celulă cu celulă.

„Miniroboții ne vor ajuta să oprim procesul de îmbătrânire... Mai mult, am putea totodată să ne transferăm conștiința în computere și să trăim ca un software o viață fără sfârșit". Putem, spune domnul Kurzweil, să devenim nemuritori pe două căi: fie repararea periodică a organelor noastre, fie prin transferul minții și conștiinței noastre în computere.

În 50 de ani, oamenii, prin nanotehnologie, vor deveni precum zeii, ne asigură domnul Kurzweil. Mai precis, ce vor putea face:

• **Vor putea lucra sub apă fără mască sau costum de scafandru mai multe ore, căci oxigenarea va fi făcută de roboțeii din corp.**

• **Vor citi 2-3 cărți în 15 minute.**

• **Vor alerga fără să respire 20 de minute, cu 200 Km pe oră.**

• **Vor trăi sute de ani prin refacerea periodică a organelor.**

• **Vor avea performanțe sportive atât de mari, încât olimpiadele sportive vor fi desființate sau vor rămâne valabile numai pentru „indivizii curați, numai din materie organică.**[71]

Neîncrederea în aceste scenarii ar fi firească, dacă n-ar fi în actualitate marile avantaje aduse de nanotehnologia din prezent.

În esență, **nanorobotul este o structură atomică nouă, construită artificial, cu un anumit scop, de dimensiuni mai mici decât molecula organică. El poate pătrunde în moleculă și chiar în nucleu, pentru a repara, modifica structuri ale acesteia, a stoca atomi de substanțe sau a modifica conținutul moleculei în care a pătruns**. Dirijați prin corp sau destinați din start, ei pot ajunge în orice parte a corpului, în orice organ și în creier.

---

[71] Ray Kurzweil, *Cum să construiești o minte*, Ed. Paralela 45, București, 2013

Nanotehnologia deschide calea nemuririi

Ce miracole aduce nanotehnologia în prezent, ca să-i dăm crezare domnului Kurzweil în predicțiile sale?

Compania Calico, o filială a lui Google X Lab. din SUA, are ca obiectiv **„uciderea morții" mai precis obținerea nemuririi prin controlul complet al genomului uman cu ajutorul bio-markerilor**. Nanoroboții vor reface țesuturi și organe, vor mări memoria prin legături neuronale cu cele artificiale, vor depista orice virus apărut în organism, vor optimiza orice proces biologic, iar unele organe vor fi înlocuite cu altele artificiale, astfel că omul va deveni un cyborg capabil să reziste mii de ani. Miracolele nanotehnologiei din prezent au început să uimească lumea.

• Nanotehnologia a revoluționat rezistența materialelor, obținându-se fire și plăci de 100 de ori mai rezistente decât oțelul.

• În medicină, nanoroboții au devenit „doctori microscopici", care fac minuni în organismul uman; omoară viruși, plasează celule stem în organe deteriorate.

• Transportă medicamente spre țesuturi bolnave.

• Peste 200 000 de bolnavi de Parkinson beneficiază de ajutorul nanotehnologiei.

• Nanotehnologia este implicată în producerea electricității și purificarea apelor.

• Prin nanotehnologie se obțin materiale de construcții de 50 de ori mai rezistente decât cele clasice.

• Prin nanotehnologie se deblochează arterele de colesterol.

• Nanotehnologia este folosită în chirurgia cardiacă.

• Industria farmaceutică a început să folosească nanorobotica în producerea medicamentelor.

• Industria coloranților și vopselelor au obținut „produse miracol" prin nanotehnologie.

Nici nu visa Richard Feynman, părintele acestei științe, în 1958, ce posibilități fantastice deschide pentru omenire.

Dacă l-am asculta numai pe domnul Ray Kurzweil cum ne uimeşte cu previziunile sale în nanorobotică, am crede că este un rebel singuratic, dornic de popularitate, dar ipotezele sale sunt susţinute şi de alte minţi luminate în acest domeniu.

Michael Rose, profesor la Universitatea din California SUA, confirmă: *„Acum 20 de ani, simpla idee a întineririi pe cale ştiinţifică ar fi părut o bizarerie numai bună pentru revistele de scandal. Astăzi această teorie se dovedeşte cât se poate de fundamentală".*

Aubrey de Grey, genetician la Universitatea din Cambridge, Anglia, adaugă: *„Prima persoană din istoria omenirii care să trăiască 1000 de ani există deja printre noi. Fie că realizăm sau nu, exceptând accidentele şi sinuciderile, majoritatea persoanelor care au atins vârsta de 40 de ani sau mai puţin se pot aştepta să trăiască secole de aici încolo".*

Robert Freitas, expert în nanotehnologie din Palo Alto, California, completează: *„Există multe căi prin care îmbătrânirea poate fi stopată. Avem nevoie de timp. Să spunem că în două decenii maxim, boala bătrâneţii poate fi complet eradicată".*

Două mii de nanoroboţi luptă alături de soldaţii americani în Afganistan, iar alte sute de mii sunt folosiţi în medicina umană şi veterinară.

Aşadar, visurile lui Ray Kurzweil prind viaţă în fiecare zi. A visat logic evreul american şi mă face să-mi pară rău că n-am 20 de ani ca să prind nemurirea prin nano-robotizare. Mă duc cu bucuria acestui gând la culcare, visând lucid la aceste perspective când...

Un duş rece ca gheaţa mă trezeşte brusc din euforie . Cine l-a aruncat?

Nanorobotica, precum calul troian în corpul uman

„În prezent mai multe firme introduc elemente de nanotehnologie în produsele farmaceutice și aditivi alimentari ceea ce accentuează producerea unor maladii și boli foarte grave", ne avertizează Emil Străinu, cercetător al fenomenului Nano.

„Nanotehnologia scăpată de sub control poate afecta durata de viață a oamenilor și poate provoca dezastre ecologice uriașe", ne informează același autor.

Dar ce boli poate provoca nanoparticulele în organism?

Știința medicală se confruntă astăzi cu o boală provocată de particulele nano, față de care cancerul este ucenicie. **Boala Morgellons, care provoacă reacții de coșmar.**

Dar să lăsăm pe M.V., cetățean german, s-o descrie.

„În mai 2008, am constatat că mi-au apărut prin piele fire albe și negre și granule... Aveam niște senzații ciudate, de înțepături electrice prin tot corpul, ca și cum mi-ar fi băgat ace sub piele... Apoi au ieșit din piele niște ghemuri de fire colorate, încurcate. Ele erau însoțite de un lichid vâscos ca un gel. Am frisoane în tot corpul și pierderi de memorie. Am niște mâncărimi groaznice, care mă împiedică să dorm... sufăr de o oboseală severă. În 2010 s-au agravat simptomele.

Percep sub piele o mișcare organizată, ca și cum cineva pune stăpânire pe trupul meu... Niciun medic nu a găsit cauza acestor simptome. Trupul elimină în continuare fire prin limbă, cap, față, am erupții pe tot corpul și cicatrici...

În timpul nopții, dar și ziua, îmi apar în creier imagini virtuale, clipuri video cu scene de tortură, ritualuri satanice, cruci, șerpi, lilieci și alți monștri... Am aflat de la dr. Hildegarde Staninger, medic specialist în nanotehnologie, că am în corp nanoparticule. Cum au ajuns în corpul meu nu ştiu..." [72]

Aşadar **„gândacii electronici"** fac ravagii în trupul uman, fiind introduşi pentru rezolvarea unei probleme de sănătate şi creând în schimb 10 probleme de patologie. **Fiind de 50 000 de ori mai mici decât firul de păr, circulă prin celule ca pe bulevard, căci sistemul de imunitate al organismului n-are nicio putere de luptă asupra lor.**

Flămânzii lumii, implantaţi cu cipuri

Destabilizarea socială o produc cei flămânzi, cei nemulţumiţi şi lipsiţi de mijloace de subzistenţă, pauperizaţii faţă de care conducătorii au manifestat mereu nepăsare.

Darwinismul social din junglă funcţionează şi în societate încă de la începuturile ei. Elita conducătoare a fost mereu bulversată, iar uneori decimată, de revoluţii, războaie, asasinate, terorism pornite de la flămânzii şi nemulţumiţii societăţii.

Dar iată că **tehnologiile de ultimă oră au oferit, în sfârşit, soluţia salvatoare, controlul prin cipuri a flămânzilor şi nemulţumiţilor de pe străzi.** Căci este cunoscut că sărăcia naşte furt, tâlhărie, asasinat şi revoltă. De aceea, **elita conducătoare a hotărât că turbulenţii satelor şi oraşelor trebuie ţinuţi sub observaţie,** urmărită fiecare mişcare a lor; de ştiut ce gândesc, ce mănâncă, ce fac în fiecare secundă.

Aşa a apărut „programul umanitar" de monitorizare prin cipuri implantate a celor fără adăpost, căutătorii prin tomberoane din SUA şi UE.

Capcanele prinderii lor în program sunt simple: indemnizaţii contra supraveghere, mese gratuite, ajutor de şomaj mărit, locuinţe la preţ redus etc.

---

[72] *Experimente pe oameni cu nanotehnologii,* www. Dzr. org. ro/.

N-ar fi o cheltuială prea mare pentru ei, **fiind doar 35 de milioane** în SUA. Nu contează nici **faptul că în UE sunt vreo 78 de milioane**, o armată de potențiali delicvenți care rod ca șobolanii edificiul nedrept al ordinii sociale; s-or găsi cipuri și pentru ei.

Compania americană **Cyberkinetics Neurotechnology Systems** și-a oferit serviciile, a primit aprobarea Administrației Americane pentru Alimentație și Medicamente în **2008 de a realiza un microcip de 4 mm, care, plasat în creierul pacienților turbulenți sau în deget, va transmite informații la un centru de urmărire**. Astfel, inamicul public va putea fi depistat oricând și oriunde. Dar și influențat mintal spre comportamente de legumă.

Însă cei de la Cyberkinetics au mers mai departe cu cercetarea și au pus baze **Sistemului Brain Gate** (poarta creierului) care permite posesorului printr-un cip plantat în creier să acționeze asupra aparaturii casnice printr-o comandă mentală (închide-te – deschide-te) Adică să comanzi de la distanță aragazului, cuptorului cu microunde, mașinii de spălat când să pornească sau să se oprească. Pe aceeași linie au mers și cei de la **Neural Signal din Atlanta.**

În 2005, ministrul de justiție din Belgia propune ca șomerii, alți inamici potențiali ai statului nedrept, să poarte cipuri pentru a fi urmăriți în „efortul lor de a găsi un loc de muncă". La rândul său, un neurolog din aceeași țară, vine cu propunerea ca **pedofilii** să fie și ei implantați cu un cip, pentru a fi urmăriți în comportamentul lor de căutători de victime.

Într-o lume în care violurile, crimele, furturile, terorismul sunt mediatizate intens, se pregătește terenul pentru controlul întregii populații prin cipuri în numele siguranței cetățenilor.

În Europa, tot mai mulți ipocriți urlă pentru cipul universal. Senatorul francez René Treganet susținea în 2014 că implantarea de cipuri este un fapt inevitabil pentru menținerea securității. *„Dat fiind faptul că responsabilitatea conștiinței, solidaritatea și moralitatea sunt niște concepte din ce în ce mai străine pentru concetățenii noștri, noile tehnologii sunt singurele capabile să ajute în viitor autoritatea de stat în ceea ce privește respectarea ordinii publice."*

Desigur, dar răzvrătiții aceştia se vor opune şi nu poți să-i vânezi ca pe maidanezi pe străzi ca să le plantezi cipuri; şi-atunci ce-i de făcut? Colosal, s-a găsit soluţia, să le introduci cipurile în alimente, ca ei să le mănânce.

Controlul populaţiei prin alimentaţia publică

Într-un viitor foarte apropiat, când va fi provocată o criză financiară acută şi când banii cash vor dispărea, toată lumea va purta cipuri pentru cumpărături, pentru mărfuri, pentru sănătate, pentru a intra în instituţii. Statul fascist totalitar mondial prinde viaţă prin control cibernetic şi asupra insectelor, nu numai asupra oamenilor.

Astfel, Apocalipsa lui Ioan prinde viaţă după 2000 de ani, de la profeţie la numărul fiarei. *„Şi ea (fiara) sileşte pe toţi şi pe cei mari şi pe cei mici, şi pe cei bogaţi şi pe cei săraci şi pe cei slobozi şi pe cei robi ca să-şi pună semn pe mâna lor cea dreaptă sau pe frunte. Încât nimeni să nu poată cumpăra sau vinde, decât numai cel care are semnul, adică numele fiarei"*.

Coincidenţa este stranie căci în codul de bare al cartelelor, al cardurilor sau a etichetelor RFID (Radio Frequency Identification) de pe mărfuri se găseşte marcat numărul 666.

În prezent, la nivelul anului 2017, UE are mari probleme cu milioanele de emigranţi care au năvălit în Europa şi care fac ca atentatele să fie la ordinea zilei. Soluţia propusă este ca **aceşti năvălitori să fie implantaţi cu cipuri pentru a fi ţinuţi sub observaţie**. Soluţia întârzie pentru că Europa a fost luată pe nepregătite.

În Australia, salariaţii băncilor intră în instituţie cu cipul plantat în deget. În SUA, începând cu data 1.06.2009, cetăţenii sunt obligaţi să poarte un paşaport card cu tehnologie RFID încorporată. **„Democraţia cu cip"** începe să triumfe şi faţă de ea statul comunist sau fascist au fost doar copii palide.

Într-un sondaj de opinie realizat în 2012 în SUA, 20% din părinți au fost de acord ca și copiii lor să aibă implanturi electronice pentru a fi urmăriți. Doar 1% au fost de acord cu implanturi electronice pe creier.

În 2008, un student de la Royal College of Art din Londra propune ca **Sistemul Nutri Smart**, bazat pe cipuri RFID, să fie folosit în alimentația publică, **adică cipurile RFID să fie introduse direct în alimentele consumate de cetățeanul planetar**.

Marele avantaj al acestui sistem, ca și cel al energiei atomice care a permis producerea bombelor nucleare, va fi că, **„odată mâncat"**, cipul va oferi date despre tipul de aliment consumat, de la ce surse a fost cumpărat, câte calorii a adus proprietarului de corp", de câte calorii mai are nevoie. Astfel individul poate să doarmă liniștit că cipul lucrează. **Dar cipul te transformă în cobai al companiilor alimentare și al statului,** căci prin el poți fi urmărit de la distanță în tot ce întreprinzi.

Sigura problemă este **că, odată ce au fost implantate, aceste cipuri provoacă cancer, fie în zona în care se găsesc, fie în alte părți ale organismului. 10% din animale și populația purtătoare de cipuri s-au ales cu această pacoste, în numele progresului.** În reflexul de respingere a unui corp străin, organismul se alege cu cancer.

Orice invenție își dezvăluie astfel și cea dea doua față întunecată a lui IANUS. Dar nu mai contează că un procent din populație arată decesele provocate de cipuri, importantă este siguranța cetățeanului, dar mai ales a elitei. **Democrația are astfel un aliat de nădejde, în cipul mâncat sau implantat.**

Pentagonul ucide experimental prin nanorobotică

Instituția care produce coșmaruri, Pentagonul, nu s-a sinchisit de **Boala Margellons** provocată de nanoroboți, ba chiar s-a bucurat căci, în sfârșit, a găsit soluția ca să le vină de hac celor un miliard de potențiali inamici, chinezii.

Adică să **fabrice vreo 50 de miliarde de nanoinsecte infestate cu microbul botulinic și lansate asupra Chinei, să înțepe orice e viu, ca astfel să scoată din funcțiune miliardul de asiatici, ca potențial pericol pentru America**.

Dar asta numai în cazul în care nu și chinezii vor produce și ei vreo 100 de miliarde de nanoinsecte pentru a fi lansate asupra Americii. Căci ei, chinezii, sunt ași în producerea de obiecte în miniatură și cu costuri foarte mici.

Dacă fabricarea unei bombe atomice costă câteva sute de mii de euro, **un kg de nanoparticule, doar între 5 și 10 euro**. În plus armele tech sunt foarte greu de depistat.

Pentru proiectele sale, Pentagonul a întrecut ororile nazismului. Din cele 100 000 de persoane cobai implantate cu nanoroboți, în **Proiectele DARPA, 70 000 au sfârșit la psihiatrie**. Cercetarea științifică militară a costat tributul odios de victime. Dar ce mai contează câteva sute de mii de oameni uciși, când te amenință 200 de milioane de musulmani și un miliard cinci sute de mii de asiatici.

Armele bazate pe nanotehnologie sunt ieftine și eficiente. Intrate în organism, pot să te arate la 5 ani ca la 50 de ani . Eva Oberdorster, cercetător la Universitatea Duke SUA, **după ce administrează nanoparticule în loturi de pești, constată că au produs în organismul lor radicali liberi, accentuând în progresie geometrică procesul de îmbătrânire.**

Günter Oberdörster, de la Universitatea din Rochester, ne înspăimântă că, după ce a administrat nanoparticule la șoareci, acestea le-au distrus aparatul respirator. *„Vopselurile cu nanoparticule sunt extrem de periculoase pentru oameni"*, ne avertizează în continuare cercetătorul.

Produsele cosmetice cu nano particule – un pericol uriaș

Dar sunt foarte curios cum pătrund nanoparticulele în organism?

Prin produsele cosmetice, prin medicamente, prin alimente, prin vopseluri și prin respirație. Fără să știm, fără să vrem, ne trezim peste noapte cu gândacii nano că circulă prin corpul nostru.

Produsele cosmetice reprezintă calul troian perfect prin care introducem, în neștiință, nanoparticule în corp. **Din 11500 de produse cosmetice, doar 1100 au fost supuse textului de toxicitate, iar unele interzise.**

O femeie, dar și bărbații mai recent, consumă anual 2-3 g de cosmetice care, trebuie s-o spunem, conțin în ele și substanțe toxice.

Dioxidul de titan, particulă nano care se găsește în crema de față, în săpunuri, șampoane produce tumori în organism. Accelerează procesul de regenerare la nivel celular până epuizează celula, apoi persoana se prăbușește direct în bătrânețe.

Sulfatul de sodiu în particule nano din săpunuri, pasta de dinți, deodoranți duce în timp la căderea părului, slăbirea vederii și tahicardie. Pătrunderea lui prin piele în sânge este foarte rapidă, iar sângele îl cară la toate organele.

Nu vrem să înspăimântăm pe cineva cu aceste informații, dar e de luat aminte că produsele cosmetice nu au niciun avertisment despre substanțele periculoase pe care le conțin. Oare de ce? **Corporațiile de cosmetice n-au niciun interes să le scadă cifra de afaceri și ascund adevărul. Fiecare hotărăște ce face cu viața lui.** De aceea, o să aduc în continuare și alte informații din surse științifice pentru cei care sunt interesați. Ele sunt foarte puține, doar 1% din ceea ce se cunoaște la ora actuală, însă nu le pot înșira din lipsă de spațiu.

Dioxidul de siliciu în nanoparticule afectează sistemul nervos. Parabenii, sărurile de aluminiu, din deodoranți, etanol aminele din geluri şi şampoane, benzilalcoolul din parfumuri, sunt agenţi patogeni mutageni, perturbatori endocrini, toxine care erodează organismul în timp. Corporaţiile cosmetice ne omoară cu nanoparticule în numele frumuseţii şi întineririi.

Giganţii alimentari ne vâră în organism nanoparticule în 104 produse alimentare (la nivelul anului 2016) printre care uleiurile şi produsele de slăbit sunt pe primul loc.

Giganţii farmaceutici ne introduc în corp 2000 de medicamente cu nanoparticule. Nimeni încă nu ştie ce viitor cu cap de mort ne aduc aceste produse.

Vopselurile, coloranţii, chiar apa de băut, realizate prin nanotehnologie, au deschis odată cu uşa din Grădina Edenului şi Cutia Pandorei cu toate ororile de pe pământ. Aşa încât îi dau dreptate lui Florina Bran, român de bun simţ, profesor la Facultatea de Economie Alimentară şi a Mediului din cadrul Academiei de Studii Economice Bucureşti, care declara în 2016: *„S-ar putea ca în scurt timp să nu mai avem controlul sanito-genetic asupra oamenilor şi animalelor."*

Dar eu mă tem de altceva: că nano-roboţeii, nanoparticulele care intră fără să vrem în corpul nostru, pot să declanşeze epidemii înfiorătoare în masă, punându-ne într-o situaţie catastrofală, imposibil de rezolvat. Boala Mogellons este în extindere în Europa şi America. De la câteva sute de cazuri în 1980, a ajuns la mii în 2017.

Acum, între Edenul nanorobotic şi Iadul nanorobotic omenirea se chinuie să aleagă.

CAPITOLUL XI
EXTRATEREȘTRII – PRIETENI SAU DUȘMANI?

Calul troian extraterestru

Richard Gleen, un cercetător atins de viciul curiozității, publică în 2013 o carte care este un semnal de alarmă pentru specia umană: **„Operațiunea extraterestră Calul Troian".**[73]

Ce ne avertizează autorul în această lucrare?

Că s-a început operațiunea de extincție a rasei umane prin hibridare cu rasa extraterestră „grey", adică micii cenușii.

Miile de răpiri de ființe umane și disecții înfăptuite de entitățile din OZN-uri, raportate pe toate meridianele globului, au avut ca scop crearea unei rase noi **„human grey"** adică un hibrid umanoid rezultat din încrucișarea rasei umane cu rasa micilor cenușii.

Autorul prezintă avertismentul de la **„Marii blonzi",** o rasă de extratereștri ocrotitoare a umanității *„Nu sunteți pe punctul de a fi invadați, nici măcar în decurs de a fi, invazia a avut deja loc și este spre stadiul final."*

Marvin White, cercetător al fenomenului OZN citat de noi în paginile din urmă, ne lămurește și mai mult în această privință.

El precizează că după întâmplarea de la Roswell din 1947, guvernul SUA a recuperat rămășițele unei nave extraterestre cu trupuri

---

[73] Richard Gleen, *Operațiunea extraterestră, Calul Troian,* Ed. Shambala, 2013.

neînsuflețite, dar și pe **EBE** (Extraterrestrial Biological Entity) care era viu. **EBE** a trăit până în 1952 și a dezvăluit oficialilor americani informații uluitoare.

Că el provine din Sistemul Solar Zeta Reticuli și că rasa sa vizitează pământul de 25 000 de ani. Că ei, micii cenușii, și-au construit **baze subpământene** (DUMB) pe Terra, iar operația de hibridare cu oameni s-a datorat unui pericol foarte mare, imposibilitatea rasei sale de a se mai putea reproduce . **Că toate eforturile lor de a extrage și prelucra materialul genetic uman au avut ca scop obținerea hibridului „human grey" și salvarea rasei „grey" de la pieire.** În acest sens s-a încheiat chiar un tratat cu ei.

Primul tratat cu extratereștrii

A fost încheiat în 22 februarie 1954, sub numele secret de **„Tratatul de la Granada"** ce a ieșit la iveală abia după 1990.

În întâlnirea istorică de atunci, **președintele american EISENHOWER angajează SUA, fără știrea Congresului, în niște obligații față de rasa extraterestră „grey",** care au ieșit la vedere la mult timp după aceea. La întâlnire au participat și o serie de personalități, care după eveniment au încercat să dezvăluie opiniei publice secretul. Dar li s-a închis repede gura prin asasinat.

Așa au fost asasinați agentul **William Cooper,** participant la întâlnire, inginerul **Phil Schneider, constructor al bazelor extraterestre subterane.**

Astronautul **Gordon Cooper** își riscă viața făcând dezvăluiri despre „Tratatul de la Granada" când nu mai avea ce pierde, adică la 84 de ani.

Ce prevedea acest tratat?

Extratereștrii aveau dreptul de a răpi ființe umane și animale pentru a le extrage materialul genetic, pentru a-l combina cu cel extraterestru. Extratereștrii aveau obligația de a nu se amesteca în treburile Planetei Pământ, iar prezența lor trebuia să rămână secretă. Tocmai acest fapt l-a deranjat pe J. F. Kennedy, care avea de gând să dezvăluie secretul şi pentru care a plătit cu viaţa. Am fost impresionat de discursul său pregătit dinainte referitor la această problemă, care n-a mai fost ţinut.

Ei, „micii cenuşii", aveau de asemenea obligaţia de a furniza americanilor tehnologie avansată în bazele subterane DUMB, pe care le-au construit împreună. Numai că extratereştri nu şi-au respectat angajamentul şi s-a ajuns la conflicte cu ei, **cum a fost cel de la baza DULCE din 1979, când extratereştrii şi pământenii s-au împuşcat unii pe alţii, rezultând sute de victime.** Hibridul „human grey" constituia Calul Troian de asimilare a întregii umanităţi. [74]

EBE, extraterestrul, a dezvăluit şi faptul ca ei „grey"-ii, **micii cenuşii, sunt la rândul lor produsul unei rase mai inteligente şi anume reptilienii, care au reuşit să se infiltreze sub formă umană în cele mai înalte structuri politice şi militare ale statelor.** Din aceste funcţii, împreună cu oculta mondială, urmăresc sclavizarea totală a omenirii prin Noua Ordine mondială.

Terra salvată de la catastrofe de mai multe ori

Pe 15 februarie 2013, un meteorit de 7 000 de tone cădea din cosmos cu o viteză de 35 000 de km/h asupra oraşului Celeabinsk din Rusia. La intrarea în atmosferă s-a aprins, **eliberând o energie uriaşă, de 50 de kilotone, adică de 30 de ori mai mare decât bomba de la Hiroşima.** Meteoritul nu s-a consumat prin aprindere, urmând să cadă asupra oraşului, după cum precizează The Wall Street Journal şi Agenţia Spaţială Rusă Roscosmos.

Dar, înainte de a se produce catastrofa, ştergerea oraşului de pe faţa pământului, s-a produs un miracol.

---

[74] *Tratatul de la Grenada, Cooperarea guvernului SUA cu civilizaţii extraterestre,* https. efemeride.ro, 2012.

**O farfurie zburătoare l-a interceptat și a trimis în frac-
țiuni de secundă o puternică rază laser care l-a dezintegrat,**
astfel că asupra orașului au căzut tone de bucăți mici, care n-au produs
nicio victimă. Boomul sonic declanșat de meteorit a spart geamurile
clădirilor pe o suprafață de 100 000 de metri pătrați, producând pagube
de 33 de milioane dolari.

Cine l-a distrus?

Nici astăzi nu se știe precis, dar catastrofa din Tunguska din
1908 a fost evitată. Craterul pe care l-ar fi provocat ar fi produs un nor
de praf care ar fi acoperit planeta ca o perdea, producând noaptea
prelungită și scăderea temperaturii la sute de grade.

Presa mondială a relatat evenimentul, dar l-a tratat ca pe un fapt
banal, insignifiant, deoarece din el n-a rezultat senzaționalul, catastrofa.

Directorul NASA, Charles Bolden, a declarat în fața Congresului
că meteoritul n-a fost sesizat și nu putea fi oprit cu posibilitățile tehnice
de pe planetă. Filmele făcute de amatori arată clar lovirea obiectului de
o rază luminoasă de la un OZN din apropiere. Agenția Spațială Rusă a
declarat că n-a avut niciun amestec în această întâmplare. **Frații
noștri, veghetori din cosmos, au salvat încă o dată planeta de
la catastrofă.**

**Pe 13 septembrie 1964, racheta americană Atlas decola
în spațiul cosmic cu o bombă termonucleară la bord, pentru
a fi detonată și a se constata efectele ei dincolo de atmosfera
Pământului.**

La limita atmosferei terestre, racheta este preluată de un com-
panion – o navă OZN care o înconjoară de mai multe ori și în final îi
aplică lovitura de grație. Resturile rachetei cad aprinse în Oceanul
Pacific. Locotenentul Robert Jacobs, care supraveghea operațiunea pe
monitoare de la baza aeriană Vandenberg, este chemat la comandament
cu filmul și i se impune cu pistolul la tâmplă să nu se lanseze vreo
informație spre public despre acest incident. Abia după 20 de ani de la
acest eveniment, el îndrăznește:

*„Nu-mi pasă ce zice lumea, eu asta am văzut pe film.
Acel OZN a proiectat o rază de lumină spre rachetă, apoi a
trecut rapid în partea opusă și a proiectat o altă rază, s-a*

deplasat lateral și a proiectat-o pe a treia. Racheta și-a încetat deplasarea cu 20 000 km/h și s-a prăbușit." [75]

Și când observăm ca veghetorii noștri din cosmos sunt prezentați ca entități malefice, atunci pe cine vom acuza?

Veghetorii planetei ne eliberează de sub tiranie

Pe 22 și 23 august 2011 au loc cutremure de 5,3 și 5,4 grade pe scara Richter în zonele Colorado și Washington DC. Se constată că ele nu sun produse de cauze naturale, în zonă nefiind nicio falie suprapusă sau vreun vulcan activ.

Jurnalistul Benjamin Fulford, corespondent al revistei Forbes, vine cu precizări. Cutremurele au apărut datorită distrugerii unei baze militare subpământene din aceste locații.

„Deși e greu de crezut, membrii elitei voiau să reducă populația lumii cu 90% prin declanșarea unui război nuclear între Iran și Israel. Pentru aceasta, extratereștrii din Consiliul Andromeda au distrus bazele subterane în care membrii elitei oculte urmau să se adăpostească. Ei au oprit în mod constant rachete și facilități nucleare de-a lungul timpului".

Publicistul român Eugen Delcea ne dă informații în plus în lucrarea **„Salvatorii omenirii", că cei din Consiliul Andromeda au distrus în 2011 baze subacvatice ale reptilienilor în Marea Chinei de Est, unde, potrivit Monitorului Geologic American (USGS) s-a înregistrat un cutremur de 6,9 grade pe Scara Richter, cu reverberații pe tot globul.** [76]

Autorul precizează că informațiile primite de la **TOLEC, reprezentantul uman al Consiliului Andromeda,** sunt veridice, pentru

---

[75] *Stăpânii spațiului. Mărturia locotenentului Robert Iacobs,* www.info.org/
[76] Eugen Delcea, *Salvatorii omenirii,* Ed. Obiectiv, Craiova, 2015.

că ele corespund fenomenelor geografice petrecute. Baza reptiliană din Marea Chinei de Est era cea mai mare de pe planetă şi **a fost distrusă de grupul de acţiune numit Legiunea de Argint, care efectiv s-a infiltrat în bază.**

Tot acest grup, care avea motivaţia distrugerii planetei lor de către reptilieni, a anihilat şi nava cub reptiliană, invizibilă, de 50 Km, aflată în cosmos şi folosită ca închisoare pentru suflete umane. **„Nava era uriaşă, păzită de 100 000 de soldaţi din trupele de elită draco-reptiliene şi însoţită de alte 100 de nave de atac mai mici".**

Autorul ne uimeşte şi cu alte informaţii fulminante, legate de eliberarea planetei din reţeaua energetică malefică, de sute de ani, a reptilienilor. **TOLEC, reprezentantul Consiliului Andromeda, subliniază *„că cei care ar trebui să decidă cine sunt conducătorii noştri suntem noi,* pământenii".** Veghetorii noştri din cer ne deschid ochii şi ne salvează.

Noi, pământenii, suntem la ora actuală miza cea mare intre cele două grupuri de civilizaţii extraterestre, cei care ne stăpânesc şi cei care vor să ne elibereze. Între ele se desfăşoară un război nevăzut care încă nu ne afectează pe noi, cei în cauză, pământenii, dovadă că suntem mult prea preţioşi pentru ambele grupuri.

Eliberându-te de manipularea elitei conducătoare din fruntea statelor, tu pentru care grup optezi? Şi dacă aşa stau lucrurile, de ce veghetorii din cosmos nu ni se dezvăluie în mod oficial?

De ce refuză extratereştrii contactul cu umanitatea?

Deşi prezenţa OZN-urilor este constatată în mod real în mii de cazuri pe planetă, se pune problema de ce ei, extratereştrii, nu trec la un contact oficial cu reprezentanţii statelor. Motivele sunt foarte importante şi serioase.

Stephen Hawking, celebrul savant din scaunul cu rotile, dă următorul răspuns într-o publicație franceză din 2015: *„Rezultatul va fi același ca atunci când Columb a ajuns în America, iar acest lucru n-a fost deloc benefic."* Trebuie să spunem că domnul Hawking greșește total pentru că-i confundă pe navigatorii stelari cu navigatorii europeni din sec al XV-lea, lipsiți total de simțul moralității și structurați genetic cu bestialitate, lăcomie și violență, aidoma populației europene din care proveneau.

Nu se poate ajunge la călătorii galactice cu un profil uman de războinic, de criminal, de lăcomie sau alte vicii de caracter. Omenirea mai are încă mult de evoluat până când își va eradica astfel de sechele din conștiința ei. Ea trebuie să învețe mai întâi că este un tot unitar și că face parte dintr-o familie pașnică în colțul nostru de univers.

Lipsa unui contact al civilizațiilor galactice cu umanitatea este justificat deocamdată și pentru ele și pentru noi. Dar să analizăm aceste motive.

1. Diferența tehnologică uriașă de mii și milioane de ani între pământeni și alte civilizații stelare.

E ca și cum am merge cu laptopul să monitorizăm un mușuroi de furnici sau un stup de albine. Ele vor observa instrumentul fără „să înțeleagă" nimic, iar noi am monitoriza organizarea, diviziunea muncii și activitățile lor. Noi, pământenii, am început să studiem diferite instrumente ale lor din navele căzute, prin „tehnologia inversă". Dacă am aflat că deplasările lor intergalactice se desfășoară prin folosirea gravitației și modelarea spațiului și timpului, atunci vom ști ce distanțe tehnologice ne despart de ei.

2. Nivelul de moralitate foarte scăzut al umanității.

Încercați să intrați ca pacificator în mijlocul unui trib războinic, de canibali din Noua Guinee, sau într-un penitenciar de criminali și demenți. Acțiunile noastre pacifiste ar stârni reacția canibalilor „că suntem cea mai bună carne de mâncat", iar a criminalilor că s-a ivit o nouă ocazie de maltratat.

Istoria omenirii este o evoluție de 25 000 de războaie în care rasa umană și-a măcelărit peste un miliard de semeni. De aceea, Mahatma

Gandhi prezintă adevărul când spune: *„Moralitatea și măreția omenirii poate fi măsurată prin felul în care-și tratează semenii și animalele."*

În prezent rasa umană și-a îmbâcsit planeta cu 60 000 de focoase nucleare, cu baze de rachete intercontinentale, cu depozite de arme chimice și bacteriologice, cu flote de submarine și bombardiere nucleare, încât veghetorii din cosmos au intervenit de multe ori ca planeta să nu fie transformată în scrum. De zeci de ori au dezactivat bazele de rachete nucleare ale marilor puteri și roiesc permanent asupra acestora.

Poate fi primită specia umană cu astfel de „zestre" în Clubul Galactic?

3. Toate marile invenții ale omenirii au fost folosite mai întâi la crearea de arme. Energia atomică, ingineria genetică, compușii chimici, nanotehnologia, avionul, submarinul, dronele etc.

A da rasei umane tehnologie extraterestră e ca și cum i-ai da maimuței o mitralieră și grenade chimice și i-ai dai drumul prin oraș. **Distanța dintre evoluția morală a umanității și evoluția tehnologică este uriașă. Evoluția morală a rămas aproape de zero, firea războinică a omului a rămas aceeași.**

Tehnologia avansată este incompatibilă cu stagnarea morală. O rasă cu tehnologie avansată, dar lipsită de moralitate, este un pericol pentru Univers. Iar civilizațiile avansate știu lucrul acesta.

4. Mesagerii de învățătură trimiși de sus au fost uciși. Și acum, ca și în urmă cu 2000 de ani, omenirea trăiește cu premiza falsă că binele înseamnă doar succesul material, iar cultura este transformată în distracție și rafinament pervers. Masele sunt conduse de conducătorii orbi în rătăcire. Încrâncenarea și lupta pentru bani și posesii materiale au desfigurat permanent profilul spiritual al umanității. Pentru aceasta, au fost trimiși în omenire mesageri care să le spună oamenilor „să iubiți pe dușmanii voștri, nu vă adunați comori pe pământ, iubește pe aproapele tău ca pe tine însuți", să dea umanității o altă perspectivă morală și spirituală. În numele acestor principii, Isus a fost răstignit. Dar, prin misiunea lui, s-a realizat o incizie uriașă în conştiinţa umanităţii prin apariţia creştinismului. Şi totuşi, nici creştinismul n-a reuşit să domolească pe deplin firea războinică a lui Homo Sapiens.

5. Schimbarea sistemului de religii şi credinţe prin contact oficial cu extratereştrii este un şoc planetar. Consecinţele ar fi imprevizibile. Căci multe din aceste religii s-au format prin implementare psihologică de către civilizaţii galactice cu tendinţe expansioniste, cum ar fi cele din Constelaţia Orion. Creştinismul, care s-a clădit pe ideea de bază că omul este creaţia lui Dumnezeu, s-ar dărâma ca un castel de nisip descoperind că Dumnezeu este o oarecare civilizaţie intergalactică. Vaticanul şi Biserica ortodoxă ar fi puse în situaţia de a face faţă unei mulţimi furibunde, în panică, care ar cere judecată.

6. Frica ar fi de nivel planetar. Edgar Mitchell, astronaut pe Apolo 14, declară în 2015: ***„Frica este unul dintre motivele pentru care autorităţile tac. Frica n-ar putea fi gestionată pe plan mondial la aflarea adevărului despre prezenţa extraterestră.”***

Iar Brian O' Leary, astronaut la NASA la Congresul din 2014 cu tema „Extratereştrii”, atrăgea atenţia: ***„În opinia mea, cred că guvernele ar fi îngrijorate de faptul că lumea ar putea intra în panică, aşa încât au început să spună minciuni despre asta*** (despre prezenţa extraterestră). ***Şi-atunci cred că au inventat o altă minciună, ca s-o acopere pe prima, iar acum nu mai ştiu cum să mai iasă din ea.”***

Minciuna despre inexistenţa extratereştrilor pe planetă a fost întreţinută 60 de ani cu sume exorbitante din buzunarul contribuabilului, însă până la urmă ea va trebui să explodeze, căci o altă cale de salvare a omenirii ar fi sub îndrumarea unui frate mai mare din stele.

Tehnologia extraterestră în acţiune

Când ştiinţa este pusă în slujba scopului războinic de a nimici neapărat adversarul, apare **PROIECTUL AURORA,** adică efortul extraordinar de construire a unui vehicul atât de performant, **bazat pe tehnologie inversă, obţinută de la extratereştri,** care să nu aibă rival în lume. America şi-a umflat „muşchii tehnico-ştiinţifici" ca răspuns prompt la armele secrete ruseşti.

În cadrul **PROIECTULUI AURORA** au fost concepute vehicule avion aidoma celor din Războiul Stelelor, care uimesc prin performanţele lor extraordinare. Unul din astfel de vehicule numit **TR-3B, cu nume de cod ASTRA,** are formă triunghiulară cu vârfuri rotunjite şi poate zbura cu 10 000 de Km pe oră. Este invizibil şi poate zbura pe perioade nedeterminate, căci funcţionează cu „free energy" adică energie liberă preluată din spaţiul cosmic.

Îşi poate schimba culoarea şi se deplasează instantaneu vertical, orizontal, oblic, în toate direcţiile. Absorbţia radar, în structură, este completată de dispozitive antigravitaţie şi arme cu pulsuri electro-magnetice.

Aceste performanţe sunt obţinute prin **„tehnologia neagră"** cum spune Steven Greer, celebrul cercetător ozenist, preluată de la extratereştrii cenuşii, cu care guvernul din umbră este în contact.

Tot în cadrul aceluiaşi **PROIECT AURORA** au apărut şi **avionul rachetă FALCON HTV-2,** fără pilot, care zboară cu 20 000 de km pe oră . El poate străbate Atlanticul în 12 minute, iar într-o oră ajunge în orice punct de pe glob. Lansat în spaţiu cosmic, parcurge distanţa Pământ-Lună în 18 ore şi poate ateriza fără probleme pe orice pistă terestră. Scopul declarat ar fi acela de răspuns rapid la orice lovitură din partea inamicului.

Variantele de avion HTV-3X BLACKSWIFT şi FALCON CAV întrec în viteză SUHOIURILE ruseşti şi RAPTORII F22 americane. Deşi aceste prototipuri sunt în fază experimentală şi au fost un eşec, America pompează în ele camioane de dolari prin **„Black**

Budgets" (Bugetele negre) la care contribuabilul american participă fără să ştie destinaţia.

Adevărul despre aceste proiecte a ieşit cu greu la iveală şi, în loc să ne elibereze de temeri, el ne îngrozeşte. Ca de altfel şi celelalte proiecte ale agenţiei DARPA, care transformă fantasticul în realitate şi au darul de a ne prezenta un viitor cu cap de mort. Un astfel de proiect este şi cel sub denumirea de **SOLAR WARDEN,** despre care vom lămuri în continuare.

SOLAR WARDEN, barca de salvare a ocultei mondiale

Pe 13 aprilie 2009, Agenţia Naţională a Administraţiei Americane pune la dispoziţia publicului 250 000 de pagini de documente în timpul administraţiei Reagan, inclusiv jurnalul său personal. Spicuim din acest jurnal: *„Am luat masa cu 5 oameni de ştiinţă din top, din domeniul aerospaţial. Am fost fascinat... Am fost informat cum capacitatea noastră de transport interstelar este de aşa natură, încât am putea orbita 300 de persoane. Ţara noastră deţine o flotă de nave spaţiale condusă de un Comandament Strategic."* [77]

Iată dar că America are, pe lângă programul oficial de dezvoltare spaţială al NASA, un alt program de tehnologie spaţială mult mai avansat de care nu ştiu prea multe nici preşedintele şi nici Congresul american.

Aflăm de la Marvin White, un cercetător al arhivei, că acest proiect sub denumirea de **SOLAR WARDEN** este menit să salveze elita ocultă care dirijează istoria omenirii, în cazul unui război nuclear sau în cazul altei catastrofe planetare.

Această elită, care cuprinde membrii Grupului Majestic 12, ai Grupului Bildemberg, cadrele superioare ale Pentagonului, membri ai guvernului şi alte persoane absolut necesare supravieţuirii, au ales două

---

[77] Marvin White, *Istoria interzisă a omenirii şi conexiunea extraterestră*, Ed. Sapienţia, 2014.

căi de salvare. Prima, locații subpământene, baze extraterestre, de tipul **ariei 51 sau Dulce, peste 120 la număr pe glob,** iar a doua o flotă interstelară care să asigure supraviețuirea în cosmos a cel puțin 1000 de persoane.

Astfel, ne dăm seama cât valorează viața celor 7 miliarde de oameni ai planetei când e vorba de propria piele a ocultei.

În același context, domnul Marvin White ne uimește cu informații despre tehnologiile extraterestre folosite în funcționarea acestor nave spațiale, bazate pe energii rezultate din fuziunea nucleară la rece, antigravitația, energia antimateriei, electromagnetismul, practic inepuizabile.

SOLAR WARDEN, flota stelară secretă, este barca de salvare a ocultei în cazul în care planurile sale ar fi date peste cap, iar planeta ar lua foc printr-un cataclism nuclear.

Ben Rich, fost director al Companiei Aeronautice Lockheed Skunk Works, declara în 1993, într-o conferință la Los Angeles: *„Avem deja mijloacele necesare să călătorim printre stele, dar aceste proiecte sunt închise în programe secrete, din care doar Dumnezeu ar putea să le scoată pentru beneficiul umanității. În orice caz, prin aceste tehnologii, orice vă puteți imagina, noi știm deja cum să facem... Noi facem acum să zboare în Deșertul Nevada aparate în fața cărora George Lucas (regizorul filmului Războiul Stelelor) ar fi beat de admirație. Aceste aparate sunt la fel de îndepărtate de tot ceea ce se cunoaște oficial, precum naveta spațială de parașuta lui Leonardo da Vinci.”*

În sprijinul existenței flotei stelare, domnul Marvin White aduce și dovezile lui Gary McKinnon, un hacker scoțian care a spart baza de date a NASA și a Pentagonului și a dezvăluit secrete copleșitoare despre colaborarea guvernului american cu extratereștrii, despre tehnologia extrem de avansată, ascunsă de public, despre flota stelară secretă.

Pentru această „obrăznicie”, administrația americană a cerut în 2014 extrădarea curiosului pentru **„terorism cibernetic”** și judecarea lui SUA. Dar Anglia a refuzat cererea americană.

McKinnon, hackerul încăpăţânat, a ameninţat că dacă America îl va târî într-un proces mocirlos, **el n-a dezvăluit decât 25% din secretele aflate şi va fi nevoit să pună pe internet pentru toată omenirea restul de 75% din informaţiile secrete ale ocultei mondiale.** De aceea, americanii l-au lăsat în pace, plănuind pentru viitor să-l elimine printr-o dronă asasină.

SOLAR WARDEN înghite pe an împreună cu celelalte „Proiecte negre" 1,25 trilioane de dolari, adică 25% din PIB-ul american, echivalent cu 11 tone de dolari în greutate. Programul oficial spaţial al NASA nu este decât paravanul pentru cel ascuns, care se desfăşoară în colaborare cu extratereştrii şi pentru care au plătit cu viaţa, prin asasinat, mulţi cutezători care au vrut să-l dezvăluie.

SOLAR WARDEN este încă o dovadă în plus că până la urmă fenomenul OZN va exploda din nevoia imperioasă de eliberare de ignoranţă a omenirii.

Microcip găsit în craniul lui Napoleon

Dr. Andre Dubois cere autorităţilor franceze să examineze scheletul lui Napoleon pentru a stabili cauza staturii lui mici.

Dar are parte de o surpriză extraordinară.

Descoperă în craniul lui Napoleon un microprocesor de un centimetru, de origine necunoscută.

Microprocesoare în lume la 1794? s-a întrebat domnul Dubois, dar şi noi. Nici vorbă.

Mai mult, examinând obiectul, domnul Dubois constată **că este întocmit şi din elemente care nu se găsesc pe Pământ.**

Ce explicaţii se pot da la astfel de constatări?

Că „cineva" a plantat acel cip în capul lui Napoleon cu un anumit scop. **De a proiecta istoria omenirii prin activitatea lui Napoleon pe un anumit sens.**

Dr. Dubois **precizează: *„În 1794, când avea doar 25 de ani, Napoleon este dat dispărut din garnizoana militară. După*** *câteva zile, apare și susține că a fost arestat în timpul Convenției Termidoriene. Dar nu există nicio înregistrare a arestării sale."* [78]

Domnul Dubois crede că în acest interval de timp a avut loc **„răpirea și implantarea cipului de către entități stelare."**

Din 1794 evoluția lui Napoleon este meteorică, extraordinară.

Numit în fruntea armatei din Italia în 1796, **„cu această hoardă de zdrențăroși, desculți, înfometați, dezertori și fără armament"** obține victorii răsunătoare, distrugând 3 armate ale adversarilor.

Geniul militar începe să se manifeste. Dr. Dubois costată: ***„Napoleon a folosit strategii militare cu mai mult de 100 de ani înainte față de timpul său."*** [11]

Napoleon a purtat 60 de bătălii și a avut prostul obicei de a se expune, fiind în cele mai multe cazuri chiar în mijlocul lor. Dar moartea l-a ocolit de fiecare dată și astfel și-a dat seama că are un destin de excepție.

În campania din Egipt, între 1798-1799 are o idee trăsnită. **Să intre în Marea Piramidă ca să afle răspunsuri privitoare la viitorul său.**

Dar urcușul până în Camera Regelui era aproape imposibil, căci trebuia să te târăști în 4 labe pe un culoar lat doar cât umerii unui om.

Și totuși, corsicanul se târăște până în centrul piramidei, lăsând instrucțiunile necesare dacă nu se mai întoarce.

Ce răspunsuri a primit în Camera Regelui, unde a stat în întuneric 6 ore, n-a dezvăluit nici în memorii, dar e sigur că îndrumătorii stelari l-au mâhnit profund prin ce i-au transmis.

Dr. Dubois trage concluzia că cipul din creierul lui Napoleon a fost sursa geniului său militar și o cale indirectă a entităților stelare de a da un sens în istoria lumii.

Dar problema care se pune este următoarea: **Războaiele lui Napoleon au fost un carnagiu de 20 de ani care au măcelărit populația Franței și a Europei.** Se pare că de această problemă sunt

---

[78] *Cip de origine necunoscută descoperit în craniul lui Napoleon,* https.www.efemeride.ro/

legate şi răspunsurile primite în piramidă. Şi-atunci, această intervenţie prin cip, a ajutat omenirea sau a fost un imens rău?

CUPRINS

CAPITOLUL I. DISTRUGEREA ROMÂNIEI – O GREȘEALĂ ENORMĂ

CAPITOLUL II. NOUA RELIGIE PLANETARĂ – RELIGIA SEXULUI LIBER

CAPITOLUL III. CONFLICTUL DINTRE BISERICI, ATHOSUL ÎN PERICOL

CAPITOLUL IV. SUFLETUL DUPĂ MOARTE

CAPITOLUL V. COMERCIANȚII DE VIAȚĂ AMBALATĂ

CAPITOLUL VI. LIMBAJUL LUI DUMNEZEU DESCIFRAT

CAPITOLUL VII. GÂNDUL ŞI UNIVERSUL

CAPITOLUL VIII. MISTERE ȘI COINCIDENȚE STRANII

CAPITOLUL IX. ARME SF PENTRU MOARTE ASIGURATĂ

CAPITOLUL X. NANOROBOTICA ÎNTRE VIAȚĂ ȘI NEMURIRE

CAPITOLUL XI. EXTRATEREȘTRII – PRIETENI SAU DUȘMANI?